읽기로 시작해 쓰기로 완성하는

초등 첫 문해력 신문

이다희 글 | 서희진 그림

꼬마 독자들이
책을 읽는 기쁨을 누리기를 응원하며

"이렇게 좋은 순간에 책이 빠지면 안 되지!"

올여름 첫 복숭아를 한 입 베어 물고 다디단 맛에 감탄하던 아이는 방으로 쪼르르 달려가 책을 가져옵니다.

초등학교 2학년인 저희 아이가 매일 누리는 기쁨은 맛있는 간식을 먹으며 책을 읽는 것입니다. 푹신한 소파에서 이리 뒹굴, 저리 뒹굴 하며 책을 읽다가 키득거리는 아이의 모습을 바라보고 있으면 '신선놀음이 따로 없네.'라는 생각에 미소가 절로 지어집니다.

책을 읽는 기쁨.

아이들이 꼭 누리기를 바라는 기쁨입니다.

어떻게 하면 아이들이 이 기쁨에 한 발자국 더 가까이 다가갈 수 있을까요?

답은 명쾌합니다.

아이들이 재미있어 하는 읽기 자료를 매일 적은 양이라도 꾸준히 읽게 해 주는 것이지요.

'읽는다는 건 재미있는 거야.'라는 사실을 알게 된 아이, 매일 읽어서 읽기 근육이 생긴 아이는 시간이 날 때면 스스로 책을 읽기 시작합니다.

책이 주는 풍요로움을 누리는 '꼬마 독자'가 탄생하는 순간이지요.

『초등 첫 문해력 신문』은 바로 꼬마 독자의 탄생을 위해 만들어진 책입니다.

아이들은 세상 돌아가는 이야기에 귀를 쫑긋 세우고 관심을 두곤 합니다. 엄마, 아빠가 나누는 이야기가 대체 무슨 말인지, 선생님께서 수업 시간에 말씀해 주셨던 그 사건은 대체 어떤 일인지 자세히 알고 싶어 하지요.

그래서 세상 돌아가는 이야기를 가득 담은 신문은 아이들을 읽기의 세계로 초대하는 최적의 자료입니다. 아이들의 부푼 호기심이 꺾이지 않도록 재미있는 주제와 수준에 맞는 어휘를 선택하는 것에 오랜 시간을 들였습니다.

펼치는 순간 '궁금해!'라는 마음이 들 수 있도록, 다 읽고 난 후에는 '나 똑똑해진 것 같아.'라는 생각이 들 수 있도록 말이지요.

총 42개의 흥미로운 기사를 매일 꾸준히 읽으며, 세상을 이해하는 배경지식을 차곡차곡 쌓아 올리고 읽는 습관을 만든 아이는, 책의 마지막 장을 덮을 즈음 자신감 넘치는 꼬마 독자가 되어 있을 거예요.

『초등 첫 문해력 신문』으로 읽기 근육을
튼튼히 키운 꼬마 독자들이 더 넓고 깊은 책들에
성큼성큼 다가가 매일 책 읽는 기쁨을
누릴 수 있기를 바랍니다.

2024년 12월
리딩타임즈 대표 이다희

아이들에게 보내는 편지

안녕?

나는 세상의 신기하고 재미있는 뉴스거리를 모아서

어린이들에게 전해 주는 걸 좋아하는 이다희 선생님이라고 해.

우리는 오늘부터 하루에 한 편씩 신문 기사를 읽어 볼 거야.

'신문'이라는 말을 들었을 때 어떤 기분이 들었어?

너무 어려울 것 같기도 하고, 지루할 것 같기도 하다고?

그런 걱정이 들었다면 절대 그럴 필요 없어.

우리가 지금부터 읽을 신문은 말이지,

눈이 휘둥그레질 정도로 신기한 이야기도 있고,

몰랐던 것을 알게 되어서 "아하!" 소리가 나오게 되는 기사도 있을 거야.

읽다가 눈물이 핑 도는 이야기를 만나게 될 수도 있고,

까르르 웃음이 터지는 기사를 읽게 될 수도 있지.

어때? 기대되지 않아?

우리는 6주 동안 재미있는 신문 기사를 읽으며

세상 이야기에 귀를 쫑긋 세울 거야.

6주 동안 매일 빠지지 않고 신문을 읽는다면,

뇌 안에 숨어 있던 '읽기 세포'들이 촘촘히 손을 잡고

너를 더 똑똑하게 만들어 줄 거야.

이 책에는 신문 기사를 읽는 부분도 있고,

기사를 읽은 후 너의 생각을 써 보거나 퀴즈를 푸는 부분도 있어.

신문 일기를 쓰는 공간도 있지.

이 중에 우리가 절대 빠트리지 않고 매일매일 해야 할 일은 바로

신문 기사 읽기!

소리 내서 읽어도 좋고, 눈으로 읽어도 좋아.

부모님께서 읽어 주시는 기사를 듣는 것도 도움이 되지.

똑똑한 아이가 되는 아주 쉬운 방법이니 잘 따라 할 수 있겠지?

자, 그럼 지금부터 시작해 볼까?

똑똑! 초등 첫 문해력 신문!

2024년 12월, 이다희 선생님이

신문을 읽고 깊이 이해하는 활동부터

1단계. 신나는 신문 읽기

- 아이들이 관심을 가질 만한 주제를 쏙쏙
골라 아이들 수준에 딱 맞는 기사로 읽어요.
  ▶ 소리 내서 기사를 읽어 보아요.

❶ 기사에 나온 단어의 뜻과 예문을 살펴보며
어휘력을 키워요.
  ▶ 단어를 넣어 새로운 문장을 만들어 보아요.
  ▶ 기사에서 모르는 단어를 더 찾아보아요.

❷ QR 코드를 통해 기사의 내용과 관련된
흥미로운 영상을 살펴보아요.

2단계. 자세히 신문 읽기

- 단어 공부, OX 퀴즈 등 내용 확인 활동,
수수께끼나 그림 그리기 등 창의 활동까지
다양한 활동을 통해 신문의 내용을 깊이
이해해요.

사고력과 상상력을 키워 주는 생각 쓰기 활동까지!

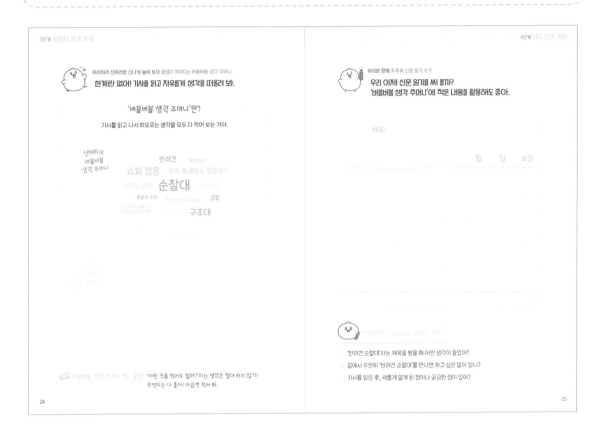

3단계. 놀면서 생각 쓰기

거침없이 야호, 무지개 쪽지, 줄어드는 마법 상자 등 사고력과 상상력을 키워 주는 다채로운 활동으로 놀듯이 내 생각을 표현해 보고, 쓰기 실력도 쑥쑥 키워요.

4단계. 나도 신문 기자

앞에서 활동한 내용들을 바탕으로 후루룩 신문 일기를 써요. 기사를 정리해 보거나, 나의 상황에 대입해 보는 등 매일 3~5줄로 짧은 신문 일기를 쓰다 보면 쓰는 습관을 만들 수 있어요!

▶ 일기 쓰기를 도와주는 아리의 질문에 대한 답을 써 보면, 후루룩 신문 일기 완성!

나는야, 아리아리 신아리!

세상 이야기를 들으면 신이 나는

신문 병아리야!

우리 친구들이 재미있게 학습하도록 돕는

친구이자, 든든한 학습 도우미지!

나만 믿고 따라오라고~!

신문 병아리 신아리

단어 공부할 때는
단어 대장 신아리

기사 읽을 때는
신문 병아리 신아리

이야기를 다시 쓸 때는
생각 쑥쑥 아리

수수께끼, 퀴즈 풀 때는
신이 나는 신아리

생각 쓰기는 너무 즐거워
쓰기 요정 신아리

신문 일기를 도와주는
질문 왕 신아리

과학을 공부할 때는
똑똑 실험 아리

역사를 공부할 때는
에헴! 역사 아리

더 많은 아리를 만나고 싶다면? 신문 읽으러 GO, GO!

『초등 첫 문해력 신문』 활용 시 기억해 주세요

하루 딱 4쪽,
기사를 소리 내어 읽으며, 문해력의 기본기를 다집니다.

**개인별
활용 가이드**

아래 가이드를 참고하여
아이의 나이 및 문해 능력에 따라 활용해 주세요.

나이 및 문해 능력	활용 방법
7세~초등 2학년	① 어른이 소리 내어 읽어 주는 것 듣기 　+ 스스로 소리 내어 기사 읽어 보기 ② 제시된 질문에 대한 생각을 소리 내어 말하고 　간단히 글로 표현하기
읽기 유창성이 부족한 초등 3~6학년	
초등 3~6학년	① 기사를 눈으로 읽으며 중요한 문장에 밑줄 긋기 ② 제시된 질문에 대한 생각을 말해 보고, 글로 표현하기 ③ 새롭게 알게 된 내용, 더 알아보고 싶은 내용 정리하기

**아이와의
대화를 위한
추천 기사**

각 가정의 상황에 맞는 기사를 추천합니다.
추천 기사를 읽고,
아이와 나누는 대화의 수준을 한 단계 발전시켜 보세요.

이렇게 하고 싶어요	추천 기사
시사적인 배경지식을 쌓아서 대화 수준을 높이고 싶어요.	1주 DAY 2, 2주 DAY 4, 3주 DAY 5, 6주 DAY 5
불안감이 높은 아이의 섬세한 감정에 대해 이야기 나누고 싶어요.	1주 DAY 4, 3주 DAY 1
진로에 대해 이야기 나누고 동기 부여를 해 주고 싶어요.	3주 DAY 6, 4주 DAY 1
호기심 많은 아이와 다양한 영역에 대해 이야기 나누고 싶어요.	1주 DAY 7, 5주 DAY 4

차례

일러두기

이 책의 기사는 2024년 12월을 기준으로 작성되었습니다.
이 책의 QR 코드 영상은 아이들의 이해를 돕기 위해 제공되었으나, 제공사의 정책상의 이유로 내용이 변동, 삭제, 비공개 처리될 수 있습니다.

초등 첫 문해력 신문 〈6주 완성 진도표〉

아리아리 신아리와 함께 주 7회, 총 6주 동안 신문을 읽어 보아요!
신문을 읽을 때마다 날짜를 쓰고, ☆표 하세요.

1주	DAY1 월 일	DAY2 월 일	DAY3 월 일
DAY4 월 일	DAY5 월 일	DAY6 월 일	DAY7 월 일
2주	DAY1 월 일	DAY2 월 일	DAY3 월 일
DAY4 월 일	DAY5 월 일	DAY6 월 일	DAY7 월 일
3주	DAY1 월 일	DAY2 월 일	DAY3 월 일
DAY4 월 일	DAY5 월 일	DAY6 월 일	DAY7 월 일
4주	DAY1 월 일	DAY2 월 일	DAY3 월 일
DAY4 월 일	DAY5 월 일	DAY6 월 일	DAY7 월 일
5주	DAY1 월 일	DAY2 월 일	DAY3 월 일
DAY4 월 일	DAY5 월 일	DAY6 월 일	DAY7 월 일
6주	DAY1 월 일	DAY2 월 일	DAY3 월 일
DAY4 월 일	DAY5 월 일	DAY6 월 일	DAY7 월 일

신문 병아리 신아리와
약속!

하나. 6주 동안 매일 꾸준히 기사를 읽는다.

둘. 기사를 소리 내어 읽어 본다.

셋. 기사를 읽다 모르는 단어가 나오면 뜻을 찾아본다.

넷. 엉뚱한 이야기라도 좋아!
기사를 읽고 내 생각을 자유롭게 말해 본다.

다섯. 일주일에 한 편이나 세 편도 좋아!
스스로 목표를 정하고 신문 일기를 쓴다.

약속을 지킬 친구는 _____

1주차
DAY 1. 사회

월   일

죽은 새끼를 품에 안은
엄마 침팬지의 슬픔

아직 떠나보낼
준비가 안 됐어.

© getty images bank

신아리의
오늘의 단어

허공

: 아무것도 없이 텅 빈 공중을
  뜻해요.

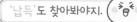 동생은 태권도 연습을
한다며 허공을 발로 찼어요.

'납득'도 찾아봐야지.

움직이지 않는 몸, 축 늘어진 팔과 다리. 숨을 거둔 지 3개월이 지난 새끼 침팬지의 모습이에요. 어미 침팬지는 이런 새끼 침팬지를 품에 안고 100일 가까이 되도록 떠나보내지 못하고 있어요.

태어난 지 2주 만에 세상을 떠난 새끼 침팬지를 끌어안고 허공을 바라보다가 얼굴을 감싸는 어미 침팬지의 모습은 많은 사람에게 안타까움을 불러일으켰어요. 스페인의 한 동물원에서 지내고 있는 어미 침팬지 나탈리아의 이야기예요.

나탈리아는 2018년에도 새끼 한 마리를 잃은 경험이 있어요. 그래서 동물원 측은 더 안타깝게 여기고, 죽은 새끼를 빼앗지 않고 지켜보았지요.

동물원의 책임자는 사람과 마찬가지로 동물의 애도도 존중되어야 한다고 생각해, 어미 침팬지에게 충분한 시간을 주었어요. 동물원 구경을 왔다가 우연히 죽은 새끼 침팬지를 보고 충격받은 관람객들도 어미 침팬지의 사연을 들은 후에는 대부분 납득했다고 해요.

침팬지의 유전자는 인간의 유전자와 약 98% 유사하며, 비슷한 방식으로 슬픔을 느끼는 것으로 알려져 있어요. 소중한 사람을 하늘나라로 떠나보냈을 때 인간이 느끼는 깊은 슬픔과 비슷한 감정을 나탈리아도 느끼고 있는 것이지요.

새끼를 잃고 슬픔에 잠긴
어미 침팬지 나탈리아를
영상으로 만나 보아요.

나는야 세상 이야기를 들으면 신이 나는 신문 병아리 신아리

**슬픔에 빠진 어미 침팬지를 위로해 줄 수 있는 선물을 생각해 보자.
어떤 선물이 좋을까?**

아리는 마법 이불을 선물해 줄 거야.
덮으면 슬픔이 스르르 사라지는 신기한 이불이지.

 아리는 하고 싶은 말이 너무 많아

**새끼 침팬지가 하늘나라에서 어미 침팬지에게 편지를 보냈어.
무슨 내용이 담겨 있을까?**

사랑하는 엄마께♡

새끼 침팬지 올림

아리아리 신아리랑 신나게 놀아 보자 끝없이 이어지는 보태보태 놀이

지칠 때까지 이어진다! 보태보태 놀이!

'보태보태 놀이'란?

① 기사를 읽고 **문장**을 하나 만들어.

침팬지가 있다.

↓

② 그 문장에 어울리는 말을 보태서 새로운 문장을 만들어.

어미   침팬지가 있다.

↓

③ 그 문장에 어울리는 말을 보태서 또 새로운 문장을 만들어.

새끼 침팬지를 품에 안은   어미   침팬지가 있다.

 첫 문장은 **'침팬지가 살았다.'** 어때?

 보태보태 놀이 재미있게 하는 꿀팁! 가족 중 한 명과 대결해 봐! 과연 누가 먼저 지칠 것인가?

아리와 함께 후루룩 신문 일기 쓰기

우리 이제 신문 일기를 써 볼까?
아리의 질문에 대한 답을 적어도 좋아.

제목:

　　　　　　　　　　　　　　월　　　　일　　　요일

일기 쓰기를 도와주는 아리의 질문

이 질문에 대한 답을 연결해서
일기로 적어 보아도 좋아.

✎ 기사를 읽기 전, 사진 속 침팬지를 봤을 때 어떤 느낌이 들었어?

✎ 어미 침팬지에게 따뜻한 말 한마디를 건넬 수 있다면 어떤 이야기를 하고 싶어?

✎ 기사를 읽은 후, 더 알아보고 싶은 내용이 있니?

1주차
DAY 2. 사회

월   일

500년,
비닐봉지가 썩는 데 걸리는 시간

© getty images bank

신아리의
오늘의 단어

폐기

: 못 쓰게 된 것을 버린다는
뜻이에요.

예 유리로 된 물건을
폐기할 때는 깨지지 않도록
조심해야 해요.

'공급'도 찾아봐야지. 🎵

우리 가족은 하루 동안 얼마나 많은 일회용 비닐봉지를 사용하고 있을까요? 아이스크림 봉지, 택배 포장지 등 거의 매일 일회용 비닐봉지를 사용하고 있을 거예요. 한 조사 결과에 따르면 전 세계적으로 1초마다 16만 장의 비닐봉지가 사용되고 있다고 해요. 이렇게 사용된 비닐봉지는 500년 동안이나 썩지 않기 때문에 지구를 병들게 하지요.

비닐봉지가 처음 만들어진 1950년대에는 이제 종이를 만들기 위해 나무를 베지 않아도 되니 환경을 보호할 수 있을 거라고 생각했어요. 비닐봉지는 원래 여러 번 사용하려고 만들어졌거든요. 하지만 사람들은 비닐봉지를 여러 번 사용하기보다는 한번 쓰고 버릴 때가 많았어요.

버려진 일회용 비닐봉지는 땅에 묻거나 태워 없애는 방법으로 폐기해요. 땅에 묻힌 비닐봉지는 오랫동안 썩지 않기 때문에 토양에 산소가 공급되는 것을 막아 토양을 오염시켜요. 태워 없앨 때는 '다이옥신'이라는 독성 물질이 나오지요.

매년 7월 3일은 '세계 일회용 비닐봉지 없는 날'이에요. 스페인의 한 환경 단체가 비닐봉지 사용을 줄이기 위해 만들었고, 그 후로 이날이 되면 많은 나라가 다양한 캠페인을 벌이고 있어요. 여러분도 지구를 지키기 위해 어떤 노력을 할 수 있을지 생각해 보세요.

아리는 오늘부터 슈퍼에 갈 때
장바구니를 들고 갈 거야!

나는야 세상 이야기를 들으면 신이 나는 신문 병아리 신아리

우리 집에 있는 비닐을 찾아 O 해 봐.

사랑 껍질   지퍼 백   마트에서 받은
                                    비닐봉지

음식물 쓰레기   과자 봉지
봉투

집에서 찾은 다른 비닐이 있다면
여기에 직접 써 봐!

 아리는 궁금한 게 너무 많아

비닐봉지 사용을 줄이기 위해 어떤 일을 할 수 있을까?

날 지켜 줄 거지?

아리아리 신아리랑 꼬리에 꼬리를 무는 신문 내용 정리 시간 꼬꼬신

신문 기사에서 중요한 내용을 떠올려 봐.

'꼬꼬신'이란?

꼬리에 꼬리를 무는 신문, 꼬꼬신!
신문 기사의 내용을 차례대로 정리해 보는 거야.

비닐봉지가 처음 만들어졌을 때
사람들은 이런 생각을 했어요.

파란색 부분만 바꿔서 써 봐.
멋진 문장을 만들 수 있어.

_____

_____

버려진 비닐봉지로 인해
이런 문제가 생겼어요.

_____

_____

그래서 사람들은
이런 날을 만들었어요.

_____

_____

아리와 함께 후루룩 신문 일기 쓰기

우리 이제 신문 일기를 써 볼까?
'꼬꼬신'에 적은 내용을 활용해도 좋아.

제목:

월   일   요일

일기 쓰기를 도와주는 아리의 질문

🖋 기사를 읽기 전, 기사 제목을 보고 어떤 생각이 들었어?

🖋 비닐봉지로 뒤덮인 지구가 사람들에게 말을 건넨다면, 어떤 말을 할까?

🖋 계속해서 비닐봉지를 많이 사용한다면 앞으로 지구는 어떻게 될까?

우리 동네는 내가 지킨다!
반려견 순찰대

> 멍멍!
> 내가 도와줄게요!

© 반려견 순찰대

신아리의
오늘의 단어

- - - - - - - -

순찰

: 여러 곳을 돌아다니며
  사정을 살피는 것을 뜻해요.

- - - - - - - -

📝 우리 학교 배움터 지킴이
선생님께서는 아침마다
학교 주변을 순찰해요.

도움이 필요한 시민 구조하기, 위험한 시설물 찾아내기, 괴롭힘당하는 어린이 구해 주기, 어두운 밤길을 순찰하며 범죄 예방하기. 이 모든 것을 척척 해내는 동네 지킴이는 누구일까요? 바로 '반려견 순찰대' 강아지들이에요.

지역 사회에서 일어날 수 있는 범죄를 예방하고 위험에 처한 시민들을 구하기 위해, 2022년 서울시에서는 반려견 순찰대를 최초로 도입했어요. 이후 여러 지역으로 퍼져 나가 지금은 많은 곳에서 반려견 순찰대를 볼 수 있답니다.

반려견 순찰대가 필요한 곳에서는 매년 심사를 해서 동네를 잘 지킬 수 있는 든든한 반려견 순찰대원을 뽑아요. 소형견부터 대형견까지 다양한 순찰대원을 뽑고 저마다 다른 역할을 맡기지요.

반려견 순찰대의 활동은 기대 이상이에요. 실종자를 발견해 구하기도 하고, 술에 취해 쓰러져 있는 사람을 찾아내 안전하게 집으로 돌아갈 수 있도록 안내하기도 해요. 그뿐만 아니라 다리가 불편해 움직이지 못하는 할아버지를 발견해 도움을 주기도 하고, 또래 친구들에게 둘러싸여 괴롭힘당하는 학생을 구해 주기도 하지요.

동네에서 형광색 조끼를 입고 지나가는 반려견 순찰대를 만나면, 환하게 미소 지으며 고마움을 표현하는 것은 어떨까요?

동네를 지키기 위해 나선
반려견들을 지금 바로 만나 보아요.

아리는 하고 싶은 게 너무 많아
반려견 순찰대원의 명함을 만들어 보자.

반려견 순찰대원의
모습을 그려 봐!

특기

냄새 기억하기

활동 내용

길 잃은 할아버지를 경찰서까지 안내함

이름

아리가 가장 좋아하는 끝말잇기 시간
기사에 나온 낱말의 마지막 글자를 시작으로 끝말잇기를 해 보자.

순찰대 ➡   ➡

                    ⬇

        ⬅   ⬅

    ⬇

        ➡   ➡

아리아리 신아리랑 신나게 놀아 보자 끝없이 이어지는 버블버블 생각 주머니

한계란 없어! 기사를 읽고 자유롭게 생각을 떠올려 봐.

'버블버블 생각 주머니'란?

기사를 읽고 나서 떠오르는 생각을 모두 다 적어 보는 거야.

신아리의
버블버블
생각 주머니

반려견   똑똑하군

슈퍼 영웅   우리 동네에도 있을까?

만나고 싶어   **순찰대**   듬직해

형광색 조끼   반려견 키우고 싶다   경찰

친구네 집 강아지가
반려견 순찰대라면?   귀여워   **구조대**

_____의
버블버블
생각 주머니

 버블버블 생각 주머니 적는 꿀팁! '이런 것을 적어도 될까?'라는 생각은 절대 하지 않기!
무엇이든 다 좋아! 마음껏 적어 봐.

아리와 함께 후루룩 신문 일기 쓰기
우리 이제 신문 일기를 써 볼까?
'버블버블 생각 주머니'에 적은 내용을 활용해도 좋아.

제목:

월   일   요일

일기 쓰기를 도와주는 아리의 질문

✐ '반려견 순찰대'라는 제목을 봤을 때 어떤 생각이 들었어?

✐ 길에서 우연히 '반려견 순찰대'를 만나면 하고 싶은 말이 있니?

✐ 기사를 읽은 후, 새롭게 알게 된 점이나 궁금한 점이 있어?

1주차
DAY 4. 마음 돌봄

월   일

친구가 나쁜 행동을 같이 하자고 할 때
어떻게 해야 할까요?

실내화를 숨긴다고?
나쁜 행동인 것
같은데….

© getty images bank

신아리의
오늘의 단어

- - - - - - - - - - - - -

탄로

: 숨기던 일이 드러나는 것을
뜻해요.

- - - - - - - - - - - - -

🗨 언니의 공책에 '바보'라고
적어 둔 일이 탄로 날까 봐
가슴이 조마조마했어요.

우재는 3학년이 된 후 친하게 지내고 싶은 싶은 친구가 생겼어요. 그 친구의 이름은 진우예요. 진우는 언제나 자신감 있고, 재미있는 이야기로 친구들을 웃기는 아이였어요. 반 친구들끼리 놀 때면 항상 진우가 놀이를 이끌었지요.

"진우야, 이번에는 내가 경찰 역할 해도 돼?"

"진우야, 나도 끼워 줘."

"진우야, 같이 놀자!"

우재는 진우와 친해지고 싶었지만 같이 놀 기회가 별로 없어서 아쉬웠어요. 그러던 어느 날, 우재는 학교 수업을 마친 후 복도에서 우연히 진우와 마주쳤어요. 우재가 인사를 하자 진우는 이렇게 말했어요.

"우리 지금 '실내화 숨기기 놀이' 할 건데, 우재 너도 같이 할래? 1학년 동생들 실내화를 몰래 신발장에서 빼서 숨기는 거야. 들키지 않을 자신 있으면 너도 끼워 줄게."

우재는 진우의 말을 듣자 심장이 쿵쾅거렸어요. 진우와 같이 놀고 싶었지만 '실내화 숨기기 놀이'는 나쁜 행동 같았기 때문이에요. 실내화를 숨긴 게 탄로 나면 선생님께 혼날 게 뻔했어요. 우재가 이러지도 저러지도 못한 채 망설이는 사이, 진우는 다른 친구와 함께 웃으며 우재를 지나쳐 갔어요.

네가 만약 우재라면
어떻게 행동했을지 말해 봐!

나는야 세상 이야기를 들으면 신이 나는 신문 병아리 신아리

지금 너의 마음은 어때? 아리랑 마음 공부 해 보자.

철렁하다

: 뜻밖의 일에 놀라서 마음이 무거워지다.

친해지고 싶었던 친구가
같이 나쁜 장난을 치자고 말해서
가슴이 철렁했어.

가슴이 철렁했던 순간을 떠올려 봐.

세 살짜리 동생을 데리고 놀이터에 갔는데 갑자기 동생이 사라졌을 때

아리아리 신아리랑 마음 탐구 시작! 그래서 내 마음은…

원인과 결과를 생각하며 주인공의 마음을 헤아려 보자.

'그래서 내 마음은…'이란?

기사 속 주인공에게 일어난 일을 살펴보고,
그 일로 인해 어떤 마음이 생겼는지 생각해 보는 거야.

우재에게 일어난 중요한 사건

우재의 마음

아리와 함께 후루룩 신문 일기 쓰기

우리 이제 신문 일기를 써 볼까?
아리의 질문에 대한 답을 적어도 좋아.

제목:

　　　　　　　　　　　　　　월　　　일　　　요일

일기 쓰기를 도와주는 아리의 질문

✎ 친구가 나쁜 행동을 같이 하자고 말한다면 어떤 기분이 들까?

✎ 만약 우재가 진우와 함께 '실내화 숨기기 놀이'를 했다면 어떤 일이 벌어졌을까?

✎ 기사를 읽으면서 우재에게 어떤 마음이 들었니?

1주차
DAY 5. 역사

월   일

만파식적
만 개의 파도를 잠재우는 피리

© getty images bank

신아리의
오늘의 단어

가뭄

: 오랫동안 비가 내리지 않아
메마른 날씨를 뜻해요.

예 **가뭄**이 심해서 호수의
물이 다 말라 버렸어요.

오래전, 신라 시대에 '만파식적'이라는 신비한 피리가 있었어요. 나라의 근심과 걱정을 해결해 주는 고마운 피리였지요.

'만파식적'은 신라 신문왕 때 만들어졌어요. 신문왕의 아버지인 문무왕은 죽기 직전 이런 말을 남겼지요.

"나는 죽어서도 용이 되어 신라를 지킬 것이다."

그 말대로 정말 용이 된 문무왕은 다른 용을 시켜 아들 신문왕에게 대나무를 주었어요.

"이 검은 대나무로 피리를 만들어 불면 천하가 평화로울 것입니다."

신문왕은 용의 말을 따라 검은 대나무로 피리를 만들어 불었어요. 그러자 정말 적이 물러가고, 아

픈 사람은 병이 나았으며, 나라의 걱정거리가 사라졌어요. 가뭄이 들어 땅이 쩍쩍 갈라진 곳에는 비가 내리기도 했지요. 그래서 신문왕은 이 피리에 '만파식적'이라고 이름을 붙였어요. '만 개의 파도를 잠재우는 피리'라는 뜻이에요.

'만파식적' 이야기에는 힘든 시절이 빨리 지나가고 평온한 시절이 찾아오기를 바라는 그 시대 사람들의 소망이 담겨 있답니다.

신문왕이 다스리던 신라는 어떤 나라였을까?
관련된 책을 읽어 봐!

'만파식적'에 대해 더 알아보고 싶다면
영상을 확인해 보아요.

나는야 세상 이야기를 들으면 신이 나는 신문 병아리 신아리

만파식적을 불어서 없애고 싶은 걱정이 있어?

헤헤 못 맞힐걸?

설명을 읽고 어떤 낱말인지 맞혀 봐.

힌트! 기사에 있는 낱말이야.

ㄱ ㅅ   ㅍ ㄹ   ㅅ ㅁ

해결되지 않은 일 때문에
우울해하는 것

속이 빈 막대기에
구멍을 뚫고 불어서
소리를 내는 악기

어떤 일을 바라고 원하는
마음을 이르는 말

· · · · · · · ▶ 정답 182쪽

아리아리 신아리랑 색깔로 표현해 보자 무지개 쪽지

만파식적을 생각하면 떠오르는 색깔을 골라 봐.

'무지개 쪽지'란?

주제에 어울리는 색깔을 고르고, 왜 그 색깔을 골랐는지 적어 보는 거야.

아리는 만파식적 이야기를 들었을 때
하얀색이 떠올랐어.
만 개의 파도가 하얀 거품이 되어
사라지는 모습을 상상했거든.
걱정거리가 사라져서 어둡던 마음이
새하얗게 되는 기분도 들었어.

너는 어떤 색이 떠오르니?

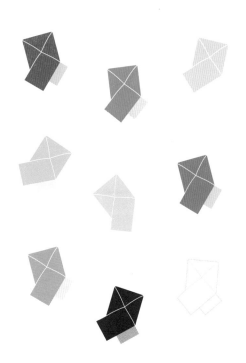

아리와 함께 후루룩 신문 일기 쓰기

우리 이제 신문 일기를 써 볼까?
'무지개 쪽지'에 적은 내용을 활용해도 좋아.

제목:

월   일   요일

일기 쓰기를 도와주는 아리의 질문

▨ 만파식적은 지금 어디에 보관되어 있을까?

▨ 만파식적처럼 근심과 걱정을 없애 주는 너만의 물건 또는 행동이 있어?

▨ 만파식적을 선물할 수 있다면 누구에게 주고 싶어? 그 이유도 알려 줘.

1주차
DAY 6. 사회

월   일

과자가 왜 조금밖에 안 들어 있지?
슈링크플레이션

© getty images bank

신아리의
오늘의 단어

물가

: 여러 가지 물건의 평균적인
값을 뜻하는 말이에요.

예 엄마, 아빠는 물가가
계속 올라서 걱정이라고
말씀하셨어요.

'전략'도 찾아봐야지.

과자 봉지를 뜯었는데 과자가 터무니없이 적게 들어 있거나, 초콜릿이나 아이스크림의 크기가 예전보다 줄어들어서 고개를 갸웃한 적이 있나요? 아마도 '슈링크플레이션' 때문일 거예요.

슈링크플레이션이란 '줄어들다'라는 뜻을 가진 '슈링크(shrink)'와 물가가 계속 오르는 현상을 뜻하는 '인플레이션(inflation)'을 합친 말이에요.

슈링크플레이션은 가격은 그대로 유지하면서 상품의 크기나 양 등은 줄여 이익을 내는 판매 방식을 뜻해요. 예를 들어 초코바의 가격은 그대로 받으면서, 양은 50g에서 45g으로 줄이는 거예요.

전 세계적으로 물가가 오르면서 상품을 만드는 데 필요한 재료의 비용도 비싸졌어요. 그래서 기업들은 비싸진 재료비만큼 상품의 가격을 올리는 대신, 상품의 양을 줄여서 재료비에 드는 비용을 아끼는 방법을 택했어요. 오른 물가에 대응하기 위한 기업의 전략인 셈이지요.

다만 양을 줄였다는 사실을 알리지 않고, 마치 예전과 하나도 달라진 점이 없다는 듯이 상품을 판매하는 것은 문제가 될 수 있어요. 소비자를 속이는 일과 다름없기 때문이에요. 기업은 상품의 양을 줄이면 소비자에게 반드시 알려야 해요.

'슈링크플레이션'을 막기 위해 나선
우리나라 정부의 모습을
영상으로 만나 보아요.

나는야 세상 이야기를 들으면 신이 나는 신문 병아리 신아리

즐거운 OX 퀴즈 시간! 기사를 잘 읽었다면 맞힐 수 있을 거야.

1. 슈링크플레이션이란 가격은 올리고, 상품의 크기나 양은
   줄여 판매하는 것을 뜻해요.

2. 전 세계적으로 물가가 오르면서, 물건을 만드는 데
   필요한 재료의 비용도 비싸졌어요.

3. 기업이 과자를 판매할 때, 과자 양을 줄였다는 사실은
   소비자에게 비밀로 해야 해요.

······ 정답 182쪽

아리는 궁금한 게 너무 많아

일기를 읽은 후, 틀린 단어에 X 하고 바르게 고쳐 봐(3개).

1월 8일, 구름 한 점 없는 날

①

오랫만에 내가 좋아하는 초코 과자를 산다.
과자는 몸에 안 좋기 때문에
자주 사 먹지는 안지만 가끔 사 먹으면   ②
기분이 아주 좋아진다.
그런데 이게 무슨 일이지?
봉지를 뜯었는데 과자가 너무 조금밖에   ③
안 들어 있었다. 기분이 상했다.

······ 정답 182쪽

아리아리 신아리랑 재미있게 어휘 공부하자 똑똑 단어 카드

세상에 오직 하나, 나만의 단어 카드를 만들어 봐.

'똑똑 단어 카드'란?

기사의 내용에서 중요한 단어를 고르고,
그림을 그리고 단어가 들어간 문장도 적어 카드로 만드는 거야.

물가

물가가 계속 올라서
내가 좋아하는 사과도
비싸졌어요.

아리와 함께 후루룩 신문 일기 쓰기

우리 이제 신문 일기를 써 볼까?
'똑똑 단어 카드'에 적은 내용을 활용해도 좋아.

제목:

월   일   요일

일기 쓰기를 도와주는 아리의 질문

✎ 과자 가격은 이전과 똑같은데 양이 줄어든 것 같다고 느낀 적이 있어?

✎ 슈링크플레이션이 무엇인지 간단하게 설명해 볼까?

✎ 기사를 읽은 후, 새롭게 알게 된 점이 있다면 어떤 거야?

1주차
DAY 7. 과학

월　　일

거머리 따라잡기

© getty images bank

신아리의
오늘의 단어

- - - - - - - - - - - -

채혈

: 병의 진단이나 수혈 등을 하기
위해 피를 뽑는 일을 말해요.

- - - - - - - - - - - -

 의사 선생님께서
채혈해야 한다고
말씀하셔서 심장이
쿵 내려앉았어요.

'흡착'도 찾아봐야지.

모기, 벼룩, 거머리. 이 세 동물에게는 공통점이 있어요. 바로 사람의 피를 빨아 먹고 사는 흡혈 동물이라는 점이에요.

이 중에서도 거머리는 조금 더 징그러운 존재로 여겨져요. 사람의 피부에 찰싹 붙어서 피를 어마어마하게 빨아 먹기 때문이에요. 어떤 거머리는 자기 몸의 최대 10배에 달하는 피를 빨아 먹어요. 다 먹은 후에는 처음보다 몸집이 몇 배나 커지지요. 한번 붙은 거머리는 피부에 단단히 달라붙어 억지로 잡아떼려고 하면 상처가 날 수 있어요.

그런데 이렇게 징그러운 거머리를 보고 도리어 박수를 보내는 사람들이 있어요. 거머리의 흡혈 능력에 감탄한 과학자들이지요.

얼마 전 스위스의 과학자들은 거머리의 입 구조와 비슷하게 생긴 채혈 도구를 만들었어요.

이 도구는 거머리처럼 피부에 잘 달라붙는 흡착판의 형태로, 흡착판 내부에는 아주 작은 미세침이 여러 개 붙어 있어요. 이 도구를 피부에 붙이면 미세침이 피부를 찔러 피를 뽑을 수 있지요. 주삿바늘이 작고 피부를 깊이 파고들지 않아서 통증이 거의 없다고 해요.

과학자들은 거머리를 흉내 내어 만든 이 채혈 도구가 영유아와 주사를 무서워하는 환자들에게 큰 도움을 줄 수 있다고 말했어요.

피를 빨아 먹고 사는
흡혈 동물에 대해 더 알고 싶다면
영상을 확인해 보아요.

나는야 세상 이야기를 들으면 신이 나는 신문 병아리 신아리

신기한 마법 상자에 단어 두 개를 넣으면 무엇이 탄생할까?

거머리   과학자   과자   마법사

채혈 도구

개미   자동차   나의 꿈   나

아리아리 신아리!
밀가루 반죽이랑 깃털을 넣었더니
흰 새가 나왔어!

아리아리 신아리랑 솔직하게 이야기해 보자 속마음 인터뷰

거머리의 속마음을 상상해서 인터뷰해 보자.

'속마음 인터뷰'란?

인터뷰 대상이 되었다고 상상하고 속마음을 솔직하게 말해 보는 거야.

안녕하세요, 거머리 씨. 대개 사람들은 당신을 꺼려 하고 떼어 내려고 합니다.
그런 모습을 보면 어떤 생각이 드시나요?

거머리 씨를 닮은 채혈 도구가 만들어졌을 때 기분이 어땠나요?

다시 태어난다면 무엇으로 태어나고 싶으신가요? 이유도 말씀해 주세요.

아리와 함께 후루룩 신문 일기 쓰기
우리 이제 신문 일기를 써 볼까?
'속마음 인터뷰'에 적은 내용을 활용해도 좋아.

제목:

월   일   요일

 일기 쓰기를 도와주는 아리의 질문

✎ 기사를 읽기 전, '거머리'라는 단어가 들어간 제목을 봤을 때 어떤 생각이 들었어?

✎ 거머리가 되어 사람들에게 하고 싶은 말이 있니?

✎ 기사를 읽은 후, 거머리에 대해 더 알고 싶은 게 생겼어?

호랑이에게 물려 가도 정신만 차리면 산다

> 며칠 굶었더니 몹시 배가 고프군.

© getty images bank

신아리의
오늘의 단어

당부

: 말로 단단히 부탁하는 것을
뜻해요.

예 선생님께서 만들기 시간에
필요한 준비물을 잘 챙겨
오라고 당부하셨어요.

어느 추운 겨울날, 산에 나무를 하러 간 나무꾼은 굶주린 호랑이와 마주쳤어요. 호랑이는 나무꾼을 보자 으르렁대며 다가왔지요.

나무꾼은 '나는 이대로 죽겠구나.' 생각하며 자리에 털썩 주저앉았어요. 하지만 바로 그 순간 머릿속에 어머니의 얼굴이 스쳐 지나갔지요. 집에서 자신을 기다리고 있을 어머니를 떠올리니 이대로 죽을 수는 없다는 생각이 들었어요.

"아이고, 호랑이 형님! 드디어 만나게 되었군요. 얼마나 애타게 찾았는지 모릅니다, 형님."

호랑이는 나무꾼의 말에 어이가 없었어요.

"나는 호랑이고 너는 사람인데, 내가 왜 너의 형이란 말이냐?"

"예전부터 어머니께서 당부하셨습니다, 형님.

등에 상처가 있는 호랑이를 만나면, 틀림없이 저의 형님이니 꼭 이 이야기를 전하라고요. 어린 시절 못된 도사의 술법 때문에 형님이 호랑이로 변했다고 하셨어요."

나무꾼이 눈물을 흘리며 말하자 호랑이는 나무꾼의 말이 진실일지도 모른다는 생각이 들었어요.

"아무리 배가 고파도 내 동생일지도 모르는 인간을 잡아먹을 수는 없지."

호랑이는 배고픔을 꾹 참고 돌아섰어요.

"호랑이에게 물려 가도 정신만 차리면 산다"는 위기가 찾아와도 정신만 똑똑히 차리면 벗어날 수 있다는 뜻을 가진 속담이에요.

오늘 배운 속담과 관련된 이야기를
영상으로 만나 보아요.

나는야 세상 이야기를 들으면 신이 나는 신문 병아리 신아리

오늘 배운 속담을 따라 적어 보자.

호랑이에게 물려 가도 정신만 차리면 산다

아리는 하고 싶은 게 너무 많아

**"호랑이에게 물려 가도 정신만 차리면 산다"와 뜻이 비슷한
나만의 속담을 만들어 봐.**

백화점에서 길을 잃어도 안내판만 제대로 보면 된다.

나무꾼이 어린이들을 만나면 무슨 말을 할까?

'거침없이 야호'란?

기사 속 주인공이 되어 하고 싶은 말을 거침없이 해 보는 거야.
문장을 시작할 때는 '하고 싶은 말이 있어.'로 시작하기!

어린이들, 안녕?
내 소개를 할게. 나는 산에서
굶주린 호랑이를 만났지만
용케 살아남은 바로 그 나무꾼이야.

사실은 말이야,
내가 너희에게 꼭
하고 싶은 말이 있어.

하고 싶은 말이 있어.

하고 싶은 말이 있어.

아리와 함께 후루룩 신문 일기 쓰기

우리 이제 신문 일기를 써 볼까?
'거침없이 야호'에 적은 내용을 활용해도 좋아.

제목:

월   일   요일

 일기 쓰기를 도와주는 아리의 질문

이 질문에 대한 답을 연결해서
일기로 적어 보아도 좋아.

✎ 네가 만약 나무꾼이었다면 호랑이를 보고 어떻게 행동했을 것 같아?

✎ 나무꾼을 놓아준 호랑이는 어떤 생각을 했을까?

✎ 호랑이에게 물려 간 것 같은 위기를 겪은 적이 있어? 그때 어떻게 행동했어?

2주차
DAY 2. 동기 부여

월   일

헬렌 켈러
볼 수 없고 들을 수 없지만

헬렌 켈러와 앤 설리번 선생님 ⓒ Wikimedia Commons

신아리의
오늘의 단어

의사소통

: 가지고 있는 생각이나 뜻이
서로 통하는 것을 뜻해요.

예 나는 곤충과 의사소통할
수 있는 특별한 능력을
가지고 있어요.

'난폭'도 찾아봐야지.

앞을 볼 수 없고, 소리를 들을 수 없다면 어떤 기분일지 상상해 보세요. 손으로 더듬더듬 만져야 눈앞에 무엇이 있는지 알 수 있고, 대화하려면 다른 사람이 손바닥에 또박또박 글자를 써 주어야 의사소통이 가능하다면 어떨까요?

헬렌 켈러는 태어난 지 19개월이 되었을 때 큰 병을 앓고 시청각 장애인이 되었어요. 보지 못하고, 듣지 못하게 된 것이지요. 그러다 보니 말하는 일에도 큰 어려움이 있었어요. 의사소통이 어려워 자신을 표현하는 방법을 제대로 배우지 못한 헬렌 켈러는 종종 난폭해지고는 했어요.

시간이 흘러 헬렌 켈러가 만 여섯 살이 되었을 무렵, 헬렌의 운명을 바꾸어 놓은 선생님을 만나

게 돼요. 바로 앤 설리번 선생님이지요.

앤 설리번 선생님은 헬렌 켈러의 가정 교사로 지내며 헬렌이 배워야 할 것들을 하나씩 알려 주었어요. 제멋대로였던 헬렌 켈러는 설리번 선생님을 만난 뒤 조금씩 변하기 시작했어요.

배움에 대한 뜨거운 마음을 갖고 있었던 헬렌 켈러는 시청각 장애인으로서 세계 최초로 대학 교육을 받았어요. 그리고 자신과 같은 처지에 있는 장애인들을 돕기 위해 강의를 하며 많은 사람에게 희망을 전해 주었답니다.

설리번 선생님과 헬렌 켈러의 이야기를
영상을 통해 더 알아보아요.

아래의 미션을 차례대로 실천해 보고, 느낀 점을 적어 봐.

미션 1   눈을 감고 가족 중 한 명과 하이 파이브를 하고 돌아오기

미션 2   눈을 뜨고 손바닥으로 귀를 막은 후 가족 중 한 명의 말을
            들어 보려고 노력하기

미션 3   눈을 감고 손바닥으로 귀도 막은 후, 10분 동안 가만히
            헬렌 켈러의 세상을 겪어 보기

잠시 겪어 본 헬렌 켈러의 세상은 어땠어?
느낀 점을 그림으로 그려도 좋고, 글로 표현해도 좋아!

아리아리 신아리랑 칭찬 듬뿍 해 보자 칭찬 소나기

헬렌 켈러에게 해 주고 싶은 말을 모두 찾아 적어 봐.

'칭찬 소나기'란?

하늘에서 소나기가 쏟아지듯, 기사 속 주인공에게 아낌없이 칭찬을 많이 해 주는 거야.

배움을 포기하지 않은 당신은 위대해요.	다른 장애인을 도운 당신은 정말 대단해요.	어려움을 이겨 낸 당신을 본받고 싶어요.
당신은 끈기 있어요.	당신의 노력이 눈부셔요.	당신은 똑똑해요.
당신이 존경스러워요.	당신의 인생은 아름다워요.	당신은 용기 있어요.

 새로운 칭찬도 환영이야!

아리와 함께 후루룩 신문 일기 쓰기

우리 이제 신문 일기를 써 볼까?
아리의 질문에 대한 답을 적어도 좋아.

제목:

월　　　일　　　요일

일기 쓰기를 도와주는 아리의 질문

✎ 볼 수 없고, 들을 수 없는 삶을 사는 건 어떤 느낌일까?

✎ 헬렌 켈러는 어떤 생각을 하며 어려움을 이겨 냈을까?

✎ 네가 만약 헬렌 켈러라면 설리번 선생님에게 어떤 말을 전하고 싶니?

2주차
DAY 3. 마음 돌봄

월   일

잘못했을 때
변명 VS 책임

희우가 넘어질까 봐 도와주려고 그랬어요.

© getty images bank

 신아리의
오늘의 단어

변명

: 어떤 잘못이나 실수에 대해 핑계를 대며 그 이유를 말하는 것을 뜻해요.

예 내 짝꿍은 지각할 때마다 변명을 늘어놓아요.

지민이는 초등학교 2학년 어린이예요. 점심을 일찍 먹은 지민이는 운동장으로 뛰어가 친구들과 술래잡기를 했어요. 요리조리 잽싸게 술래를 피했지만 결국 잡혀 버렸지요.

술래가 된 지민이는 전속력으로 달리면서 친구들을 쫓아다녔어요. 그런데 친구들이 달리기를 어찌나 잘하는지, 아무도 잡히지 않는 거예요. 숨을 헐떡이며 달리던 지민이의 눈앞에 희우가 보였어요. 손이 닿을락 말락 한 거리였지요.

'조금만 더 빨리 달리자! 조금만 더!'

지민이는 희우를 잡고 싶은 마음에 그만 희우의 옷에 달린 모자를 잡아당겼어요.

"으아아악!"

중심을 잃고 넘어진 희우는 엉엉 울며 선생님께 달려갔어요.

"선생님, 김지민이 뒤에서 제 모자를 잡아당겨서 넘어졌어요. 엉엉."

선생님은 지민이를 불러 어떻게 된 일이냐고 물었어요. 당황한 지민이는 거짓말을 하며 변명했지요.

"일부러 그런 게 아니에요. 운동장 바닥에 돌부리가 있어서 희우가 걸려 넘어질까 봐 당겼어요. 희우를 위해서 그런 거예요."

선생님은 운동장을 살펴본 후, 진실이 무엇인지 다 알고 있다는 듯 지민이를 빤히 쳐다보았어요. 지민이는 이제 어떻게 해야 할까요?

나는야 세상 이야기를 들으면 신이 나는 신문 병아리 신아리

잘못했을 때 어떻게 행동하면 좋을지 생각해 봐.

일부러 그런 게 아니에요.
희우가 돌부리에 걸려서
넘어질까 봐 당겼어요.

제가 잘못했어요.
술래를 그만하고 싶은 마음에
잘못된 행동을 했어요.

변명

: 어떤 잘못이나 실수에 대해
핑계를 대며 그 이유를 말하는 것

책임

: 어떤 일의 결과에 대한
의무나 불이익을 받아들이는 것

잘못했을 때 어떻게 행동했었는지
곰곰이 생각해 보고 적어 봐!

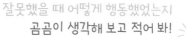

아리아리 신아리랑 마음껏 상상해 보자 마음 식당 메뉴판

마음을 파는 식당이 있다면 어떤 음식을 팔까?

'마음 식당 메뉴판'이란?

내가 갖고 싶은 마음을 상상해 보고, 그 마음에 어울리는 음식 이름과 설명을 쓰는 거야.

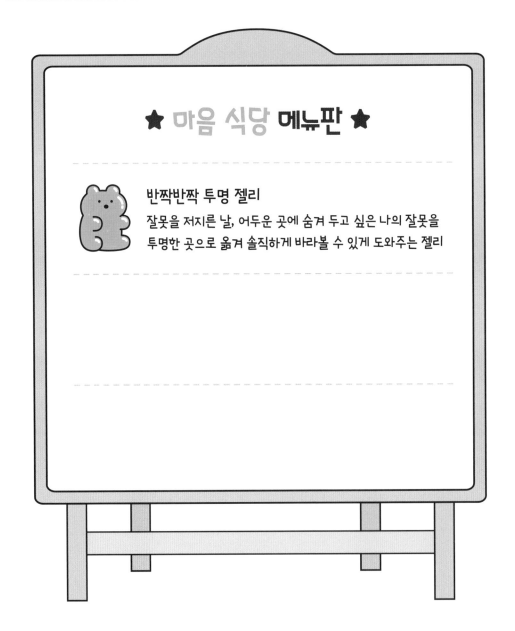

★ 마음 식당 메뉴판 ★

반짝반짝 투명 젤리
잘못을 저지른 날, 어두운 곳에 숨겨 두고 싶은 나의 잘못을
투명한 곳으로 옮겨 솔직하게 바라볼 수 있게 도와주는 젤리

우리 이제 신문 일기를 써 볼까?
아리의 질문에 대한 답을 적어도 좋아.

제목:

월   일   요일

일기 쓰기를 도와주는 아리의 질문

🖋 기사를 읽기 전, 기사 사진과 제목을 보고 어떤 생각이 들었어?

🖋 잘못을 숨기고 변명했던 경험이 있니? 어떤 일이었는지 말해 줄 수 있어?

🖋 마음 식당에서 마음을 얼마든지 살 수 있다면, 어떤 마음을 사고 싶어?

비상! 국가 비상사태!

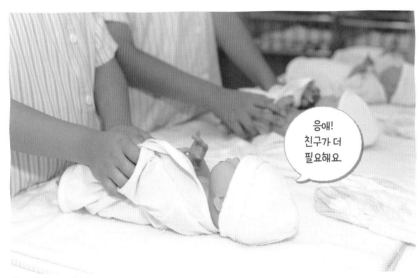

응애!
친구가 더
필요해요.

© getty images bank

신아리의
오늘의 단어

인구

: 일정한 지역에 사는 사람의
수를 뜻해요.

예 세상에서 인구가 가장
많은 나라는 어디인지
궁금해요.

'전성기'도 찾아봐야지.

얼마 전 우리나라 대통령이 '인구 국가 비상사태'를 공식 선언했어요. 인구가 어떤 변화를 겪고 있길래 '국가 비상사태'라고 선언했을까요?

그 이유는 저출생 문제가 심각하기 때문이에요. 저출생이란 일정 기간에 태어난 사람의 수가 적다는 뜻이에요.

여성 한 명이 아이를 임신할 수 있는 기간 동안 낳을 것으로 예상되는 평균 자녀의 수를 '합계 출산율'이라고 해요. 우리나라의 합계 출산율은 세계 꼴찌 수준이고, 우리나라와 수치가 비슷한 나라는 세계 어디에서도 찾기 힘들어요.

저출생이 계속되면 우리나라 인구가 크게 줄어들게 돼요. 한 인구학자는 우리나라의 인구 상황을 보며 '지구상에서 가장 먼저 사라질 수도 있는 나라'라고까지 표현했어요.

대통령은 최강의 전성기를 누리던 고대 도시 국가 스파르타가 멸망한 원인이 인구 감소였던 것을 언급하며 저출생 문제의 심각성을 강조했어요. 또한 저출생 문제를 극복하기 위해 우리나라 모든 분야의 힘을 모아 대응하겠다고 말하며 여러 가지 대책을 내놓았어요.

과연 이번 대책들이 저출생 문제를 해결하는 것에 도움을 줄 수 있을지 사람들의 관심이 쏠리고 있답니다.

우리나라는 저출생 문제를 해결하기 위해 어떤 정책을 펴고 있을까?

저출생으로 인해 학교와 유치원은
어떤 변화를 겪고 있는지
영상으로 확인해 보아요.

나는야 세상 이야기를 들으면 신이 나는 신문 병아리 신아리
'인구'는 어떤 한자로 이루어져 있는지 확인하고 따라 써 보자.

'사람'이라는 뜻을 가진 인 + 사람의 '입'을 의미하는 구
= 사람과 관련된 두 한자가 만나 일정한 지역에 사는
사람의 수를 뜻하는 인구가 되었어.

아리가 가장 좋아하는 끝말잇기 시간
기사에 나온 낱말의 마지막 글자를 시작으로 끝말잇기를 해 보자.

나라 ➡ ➡

⬇

⬅ ⬅

⬇

➡ ➡

아리아리 신아리랑 중요한 내용만 쏙쏙 줄어드는 마법 상자

기사에서 중요한 내용을 찾아서 요약해 보자.

'줄어드는 마법 상자'란?

기사의 핵심 내용만 드러낼 수 있도록 기사를 간단하게 다시 써 보는 거야.

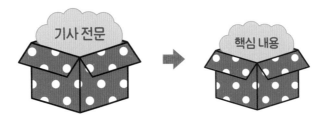

 아래 질문에 대한 답을 적다 보면, 저절로 기사 내용을 요약할 수 있을 거야!

· 대통령이 '인구 국가 비상사태'를 선언한 이유는 무엇인가요?

· '저출생'이란 무엇인가요?

· 저출생이 계속되면 어떤 일이 일어날까요?

· 저출생 문제에 대한 대통령의 의견은 무엇인가요?

아리와 함께 후루룩 신문 일기 쓰기

우리 이제 신문 일기를 써 볼까?
아리의 질문에 대한 답을 적어도 좋아.

제목:

월   일   요일

 일기 쓰기를 도와주는 아리의 질문

✐ 인구가 계속 줄어들면 학교나 직장에 어떤 변화가 생길까?

✐ 저출생을 해결하기 위한 좋은 방법을 대통령에게 알려 줄 수 있다면, 어떤 이야기를 하고 싶어?

✐ 기사를 읽은 후, 궁금한 점이나 새롭게 알게 된 점이 있다면 어떤 거야?

2주차
DAY 5. 과학

월   일

살아 있는 세포로 만든
인공 피부

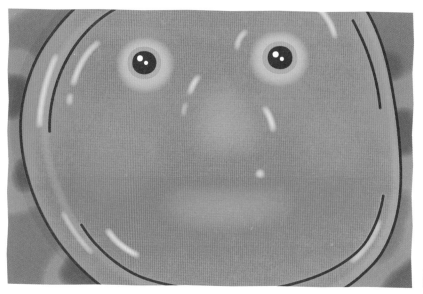

**신아리의
오늘의 단어**

재생

: 다치거나 사라진 생물체의
한 부분이 새롭게 다시
자라나는 것을 뜻해요.

예 지렁이는 재생 능력이
있어서 반으로 잘리면
꼬리 부분이 다시 생겨요.

'부착'도 찾아봐야지.

일본의 한 연구팀이 살아 있는 세포로 만든 인공 피부를 로봇에 부착하는 것에 성공했어요.

그동안은 인공 피부를 로봇에 부착할 경우, 잘 붙지 않고 쉽게 찢어지는 문제가 있었어요. 이를 오랫동안 고민한 연구팀은 로봇에 작은 구멍을 많이 뚫은 뒤 피부의 구성 성분인 콜라겐이 들어 있는 젤을 바르고, 그 위에 인공 피부를 부착하는 실험을 해 보았어요. 실험 결과는 매우 성공적이었지요.

살아 있는 세포로 만든 인공 피부는 부드럽고 잘 찢어지지 않아요. 상처를 입어도 사람의 피부처럼 다친 부위를 스스로 재생하는 치유력까지 갖고 있지요.

이 기술을 적용하면 표정이 풍부한 로봇, 더욱 자연스럽게 미소 짓는 로봇 등을 만들 수 있을 거예요.

사람들은 기능뿐만 아니라 외모까지 인간과 비슷한 로봇이 탄생할 수도 있다는 사실에 놀라워하고 있어요.

다만 연구팀은 현재 공개된 인공 피부는 실험용으로 만들어진 것이기 때문에 실제 생활에 적용하기 위해서는 앞으로 시간이 더 필요할 거라고 말했어요.

일본 연구팀이 만든 실제 인공 피부를
영상으로 확인해 보아요.

아리는 하고 싶은 말이 너무 많아

과학자가 되어 인공 피부를 붙인 로봇을 만든다면, 어떤 모습일까?

이런 생김새는 어때?

진짜 사람 같지 않니?

네가 상상하는 로봇의 모습을
그림으로 그려도 좋고, 글로 표현해도 좋아!

아리아리 신아리랑 두근두근 진실 게임 진실 혹은 거짓

진실 사이에 거짓 숨겨 놓기! 거짓은 무엇?

'진실 혹은 거짓'이란?

기사 내용을 참고해서 사실인 문장 3개와 거짓인 문장 1개를 만들어 봐.

그리고 가족 중 한 명에게 거짓인 문장을 찾아 보라고 하는 거야.

과연 찾을 수 있을까?

'일본의 한 연구팀이 인공 피부를 만드는 데 실패했어요.'

아리아리 신아리가 만든 문장은 진실 혹은 거짓?

아리와 함께 후루룩 신문 일기 쓰기

우리 이제 신문 일기를 써 볼까?
'진실 혹은 거짓'에 적은 내용을 활용해도 좋아.

제목:

월   일   요일

일기 쓰기를 도와주는 아리의 질문

🖊 기사를 읽기 전, 기사 제목을 보고 어떤 생각이 들었니?

🖊 기사를 읽으면서 놀라웠던 점, 새롭게 알게 된 점이 있다면 어떤 거야?

🖊 네가 만약 사람처럼 생긴 로봇을 선물 받는다면 어떻게 사용하고 싶어?

세상에 이런 곳이?
지구 곳곳의 놀라운 호텔

© Dmitry Vozdvizhenskiy / Shutterstock

**신아리의
오늘의 단어**

방목

: 가축을 우리에 가두지 않고
내놓아 기르는 것을 뜻해요.

예 양을 방목한 양치기가
들판에 누워서
휘파람을 불고 있어요.

여러분, 세계 지도나 지구본을 보면 어떤 생각이 드나요? '나는 꼭 지구에 있는 모든 나라를 가볼 거야.'라고 생각하는 친구도 있을 테고, '이 지구에서 가장 신비로운 장소는 어디일까?' 하며 궁금해하는 친구도 있을 거예요. 지구 곳곳에는 지금까지 본 적 없는 새로운 장소들이 많답니다.

지금부터 눈이 휘둥그레질 만큼 특별한 호텔 세 곳을 소개할게요.

첫 번째는 케냐의 기린 호텔이에요. 동물 보호에 관심이 많은 호텔 주인이 넓은 정원에서 기린을 방목하며 키우고 있지요. 기린은 아침 7시쯤이면 일어나 호텔 정원을 돌아다니며 사람들과 함께 아침 식사를 즐겨요. 창문으로 기린이 고개를 쑥

내밀면 사람들은 함박웃음을 짓지요.

두 번째는 볼리비아의 소금 호텔이에요. 아름다운 우유니 소금 사막에 있는 이 호텔은 놀랍게도 소금으로 지었답니다. 소금 덩어리를 단단하게 뭉쳐서 만든 '소금 벽돌'로 벽과 기둥을 쌓아 올렸고, 침대와 탁자도 소금으로 만들었지요.

세 번째는 탄자니아 앞바다에 있는 수중 호텔이에요. 바닷속에 객실이 있어서 침대에 누워 바닷속의 풍경을 감상할 수 있지요. 유유히 헤엄치는 물고기들을 구경하고 있으면 시간이 금세 흘러 버린다고 해요.

볼리비아에 위치한 소금 호텔을
영상으로 만나 보아요.

세상에서 가장 특별한 호텔을 지어 봐.

아리는 높은 나무 위에 호텔을 짓고 싶어.

아침에 나무 위에서

새소리를 들으며 일어날 거야!

어떤 호텔이든 좋아.
마음껏 상상하고 글이나 그림으로 표현해 봐!

아리아리 신아리랑 신나게 놀아 보자 키득키득 상상 공장

엉뚱해도 좋아. 상상력을 뭉게뭉게 부풀려 봐.

'키득키득 상상 공장'이란?

현실에서는 일어날 수 없는 일을 마음껏 상상해서 글을 써 보는 거야.

 기린 호텔에서 만난 기린이 "안녕? 나는 사실 말하는 기린이야."라고 소곤소곤 말을 건다면 어떻게 할 거야?

 우리 집이 소금 호텔처럼 모든 것이 소금으로 이루어졌다면 어떤 일이 벌어질까?

 수중 호텔 침대에 누워 있다가 인어를 만난다면 어떻게 할 거야?

우리 이제 신문 일기를 써 볼까?
'키득키득 상상 공장'의 질문 중 하나를 골라 자세히 적어도 좋아.

제목:

월   일   요일

일기 쓰기를 도와주는 아리의 질문

✎ 기사에 나온 기린 호텔처럼 독특하고 특별한 호텔에 대해 들어 본 적 있어?

✎ 특별한 호텔에 간다면 누구랑 가고, 그곳에서 어떤 일을 해 보고 싶어?

✎ 나만의 특별한 호텔을 만든다면 사람들에게 뭐라고 소개할 거야?

2주차
DAY 7. 과학

월   일

불을 켜면 모여드는 곤충
무슨 사연이 있길래?

우리는 불빛이 좋아서 온 게 아니야!

© getty images bank

신아리의
오늘의 단어

인공

: 사람이 만들어 낸 것 또는 사람이 하는 일을 뜻하는 단어예요.

예 우리 학교 인공 연못에는 개구리가 살고 있어요.

여름밤, 불빛이 켜지면 그 주위로 나방, 하루살이 등 곤충이 모여드는 모습을 볼 수 있어요. 밤이 되면 곤충은 왜 불빛 주변을 맴돌까요? 많은 과학자가 곤충이 빛을 좋아하기 때문이라고 주장했어요. 빛이 따뜻해서 곤충을 끌어당긴다고 말하는 이들도 있었지요.

그런데 얼마 전 영국과 미국의 공동 연구팀이 곤충이 불빛 주변으로 모여드는 이유에 대해 새로운 연구 결과를 발표했어요. 불빛 주변을 날아다니는 곤충들을 자세히 관찰한 결과, 몸이 한쪽으로 기울어진 채 날거나 뒤집힌 채로 날다가 바닥으로 추락하는 모습을 발견했어요. 이를 자세히 살펴보던 연구팀은 곤충이 빛을 좋아해서 불빛 주변으로 모여드는 것이 아니라, 강한 인공 불빛을 만나면

방향 감각을 잃어 어지러움을 느끼고 불빛 주변을 맴돈다는 사실을 밝혀냈어요.

오랜 시간 동안 곤충들은 하늘 높은 곳에서 퍼져 오는 햇빛과 달빛을 이용해 방향을 찾았어요. 빛이 강한 곳은 위쪽, 빛이 약한 곳은 아래쪽으로 판단하고 방향을 찾았던 것이지요.

하지만 인공 불빛은 위에서부터 내려오는 햇빛이나 달빛과는 달리 사방으로 강한 빛을 퍼뜨리기 때문에 곤충이 방향을 찾기 힘들어요.

결국 곤충들은 어디가 위쪽이고, 어디가 아래쪽인지 찾지 못한 채 불빛 주변만 맴도는 거예요.

인공 불빛 주변을 맴도는 곤충들을 만나면 뭐라고 할래? 자유롭게 말해 봐!

나는야 세상 이야기를 들으면 신이 나는 신문 병아리 신아리

깜깜한 밤, 곤충은 인공 불빛 주위를 맴돌며 어떤 말을 했을까?

아리가 좋아하는 가로세로 낱말 퍼즐

단어에 대한 설명을 읽고, 알맞은 단어를 적어 봐.

① ③ ⑤

②

④

[가로 퍼즐]

② 음식을 먹고 이를 깨끗하게 닦지 않으면
이에 이것이 생길 수 있어요. 이것이 심해지면
치과에 가야 해요.

④ 목이 아주 길고 키가 큰 동물은 무엇일까요?

⑤ 뱃속에서 음식물이 소화되면서 '뿡!' 하는 소리와
함께 밖으로 나오는 기체로, 냄새가 나요.

[세로 퍼즐]

① 여름밤에 불빛 주위를 맴도는 나방, 하루살이와
같은 것들을 이르는 말은 무엇일까요?

③ 사람이나 물건을 싣고 하늘을 날아다니는
운송 수단의 이름은 무엇일까요?

⑤ 자리에 앉을 때 밑에 까는 작은 깔개예요.
바닥이 딱딱하거나 차가울 때 사용해요.

· · · · · · · 정답 182쪽

어떻게 해야 곤충이 불빛 주변으로 모여들지 않고 잘 날아다닐 수 있을지 생각해 봐.

'마법사의 주문'이란?

어떤 문제가 있는지 적고,
그 문제를 해결할 수 있는 주문을 만들어 보는 거야.

우리가 빛을 좋아해서
가로등과 조명 주변으로
모여드는 줄 알았지?
사실 그렇지 않아.

우리도 불빛 주변을
맴돌고 싶지 않아.
주문을 걸어서 도와줘!
삐리 삐리 뾰로로 뽕!

곤충이 밤에
인공 불빛 주변을
맴도는 이유는

곤충이 인공 불빛
주변으로 모여들지 않게
도와주는 마법사의 주문 시작!

68

아리와 함께 후루룩 신문 일기 쓰기

우리 이제 신문 일기를 써 볼까?
아리의 질문에 대한 답을 적어도 좋아.

제목:

월   일   요일

일기 쓰기를 도와주는 아리의 질문

🖋 어두운 밤에 가로등 주변으로 모여든 곤충을 본 적 있어?

🖋 곤충이 인공 불빛 주변을 맴돌지 않고 잘 날아다닐 수 있게 하는 방법이 있을까?

🖋 기사를 읽은 후, 새롭게 알게 된 점이나 궁금한 점이 있니?

3주차
DAY 1. 마음 돌봄

월   일

나와 똑같은 친구 찾기
가능할까요?

나랑 마음이 통하는 친구가 없어서 아쉬워요.

ⓒ getty images bank

신아리의
오늘의 관용어

귀 기울이다

: 다른 사람의 이야기에 관심을 가지고 잘 듣는다는 뜻이에요.

예 내가 심각한 표정으로 이야기를 꺼내자 오빠는 내 말에 귀 기울였어요.

다빈이는 요즘 아침마다 한숨을 내쉬어요. 학교에 가기 싫거든요.

"엄마, 학교 가기 싫어요. 마음이 잘 통하는 친구도 없고, 심심하기만 하고…."

엄마는 다빈이의 이야기를 가만히 귀 기울여 듣더니 이렇게 말씀하셨어요.

"친구들이랑 무슨 일 있었어?"

"아니요. 아무 일도 없었어요. 친구들과 같이 놀긴 하는데 재미는 없어요. 나랑 비슷한 점도 없고, 좋아하는 놀이도 달라요. 마음이 잘 통하는 친구는 한 명도 없어요."

다빈이는 친구들과 공통점이 없어서 아쉬웠던 거예요. 다빈이가 좋아하는 놀이는 그림 그리기와 공책 꾸미기인데, 친구들은 쉬는 시간마다 종이접

기만 했거든요.

다빈이의 고민을 다 들은 후 엄마는 이렇게 말씀하셨어요.

"다빈아, 꼭 공통점이 있어야만 좋은 친구가 되는 건 아니야. 친한 친구끼리도 좋아하는 놀이가 다를 수 있고, 성격이 정반대일 수도 있지. 중요한 건 서로를 좋아하는 마음, 아끼고 위해 주는 마음이란다."

다빈이는 엄마의 말을 듣고 고개를 끄덕였어요. 학교로 향하는 다빈이의 발걸음이 한결 가벼워 보였어요.

네가 만약 다빈이었다면
어떻게 행동했을지 생각해 봐!

나는야 세상 이야기를 들으면 신이 나는 신문 병아리 신아리

지금 너의 마음은 어때? 아리랑 마음 공부 해 보자.

아쉽다

: 필요한 것이 없거나 모자라서 만족스럽지 못하다.

친구랑 비슷한 점이 없고
마음이 잘 통하지 않는 것 같아서
아쉬워.

아쉬운 마음이 들었던 순간을 떠올려 봐.

친구랑 더 놀고 싶은데 엄마가 집에 갈 시간이라고 말씀하실 때

아리아리 신아리랑 또박또박 말해 보자 내 친구를 소개합니다

나와 친하게 지내는 친구를 떠올려 봐.

'내 친구를 소개합니다'란?

나와 가장 친한 친구를 다른 사람에게 소개하는 거야.

· 내 친구 _____ 을(를) 소개합니다!

내 친구의 특징은

내 친구와 나의 공통점은

내 친구와 나의 차이점은

내 친구의 좋은 점은

내 친구와 있었던 일 중 가장 기억에 남는 것은

아리와 함께 후루룩 신문 일기 쓰기

우리 이제 신문 일기를 써 볼까?
아리의 질문에 대한 답을 적어도 좋아.

제목:

월   일   요일

일기 쓰기를 도와주는 아리의 질문

이 질문에 대한 답을 연결해서
일기로 적어 보아도 좋아.

✎ 기사 속 주인공인 다빈이처럼 친구와 공통점이 없어서 아쉬웠던 적이 있니?

✎ 공통점이 없는 친구와 재미있게 놀았던 경험이 있어?

✎ 친구와 가까워지려면 어떻게 해야 할까?

3주차
DAY 2. 속담

월   일

소 잃고 외양간 고친다

음매~.
나 탈출했어.

© getty images bank

신아리의
오늘의 단어

- - - - - - - - - - - - - - -

외양간

: 말과 소를 기르는 곳을 뜻해요.

- - - - - - - - - - - - - - -

예 동생과 나는 외양간 근처에서 소똥 냄새를 맡고 깔깔 웃었어요.

어느 마을에 게으름뱅이 농부가 살았어요. 농부에게는 몹쓸 습관이 하나 있었지요. 해야 할 일을 제때 하지 않고 이런저런 핑계를 대며 다음으로 미루는 습관이었어요. 심지어 세수와 양치까지 나중에 하겠다고 미루었답니다.

농부에게는 소가 한 마리 있었어요. 소에게 밥 주는 일도 늘 미루었기 때문에 농부네 소는 쫄쫄 굶는 날이 많았어요. 미루고 미루다 소에게 밥을 주러 간 농부는 외양간 곳곳이 부서진 것을 발견했어요.

"어휴, 여긴 왜 부서진 거야? 귀찮으니 내일 고쳐야지."

다음 날 아침, 농부는 마을 사람들이 소란스럽게 떠드는 소리에 놀라 집 밖으로 뛰쳐나왔어요.

"이봐, 큰일 났어. 그 집 소가 외양간이 부서진

틈을 비집고 도망갔어."

농부는 서둘러 외양간으로 달려갔어요. 하지만 소는 이미 사라진 지 오래였지요. 소를 잃은 농부는 땅이 꺼질 듯 한숨을 내쉬며 그제야 외양간을 뚝딱뚝딱 고치기 시작했답니다. 그 모습을 지켜보던 마을 사람들이 말했어요.

"쯧쯧, 소를 잃고 난 후에 외양간을 고치다니⋯. 그게 무슨 소용이라고⋯."

이렇듯 "소 잃고 외양간 고친다"는 해야 할 일을 제때 하지 않고, 일이 잘못된 뒤에 하여 소용이 없을 때 쓰는 속담이에요.

"소 잃고 외양간 고친다" 속담에 관해 더 자세히 알아보아요.

나는야 세상 이야기를 들으면 신이 나는 신문 병아리 신아리
오늘 배운 속담을 따라 적어 보자.

소 잃고 외양간 고친다

아리는 궁금한 게 너무 많아
**"소 잃고 외양간 고친다"라는 속담과 비슷한 경험이 있다면
적어 봐.**

양치를 미루다가 이가 썩은 후에야 양치를 열심히 했어.
하지만 이는 이미 썩어서 치과에 가야 했지.

아리아리 신아리랑 중요한 내용만 쏙쏙 줄어드는 마법 상자

기사에서 중요한 내용을 찾아서 요약해 보자.

'줄어드는 마법 상자'란?

기사의 핵심 내용만 드러낼 수 있도록 기사를 간단하게 다시 써 보는 거야.

 아래 질문에 대한 답을 적다 보면, 저절로 기사 내용을 요약할 수 있을 거야!

· 농부는 평소 어떤 성격이었나요?

· 외양간 곳곳이 부서진 것을 보고 농부는 어떻게 행동했나요?

· 외양간을 바로 고치지 않은 농부에게 어떤 일이 벌어졌나요?

· 소를 잃은 농부는 어떻게 행동했나요?

아리와 함께 후루룩 신문 일기 쓰기
우리 이제 신문 일기를 써 볼까?
아리의 질문에 대한 답을 적어도 좋아.

제목:

월   일   요일

일기 쓰기를 도와주는 아리의 질문

✐ 텅 빈 외양간을 봤을 때 농부는 어떤 마음이었을까?

✐ 네가 만약 농부였다면 외양간이 부서졌을 때 어떻게 행동했을 것 같아?

✐ "소 잃고 외양간 고친다"라는 속담을 듣고 떠오르는 인물이 있어?

3주차
DAY 3. 예술

월   일

말다툼하는 방울새
야생 동물에게 이런 모습이?

실제 수상작은 QR 코드 영상으로 확인해 보아요.

신아리의
오늘의 단어

서식지

: 생물이 자리를 잡고 사는 곳을 뜻해요.

예 우리 집 뒷산에는 도롱뇽 서식지가 있어요.

'보존'도 찾아봐야지.

기타 치는 나무늘보, 택시 잡는 원숭이, 까르르 웃는 아기 물개. 그림책에 등장할 것 같은 동물들의 재미있는 모습을 사진으로 만날 수 있어요. '웃긴 야생 동물 사진 대회' 덕분이지요.

이 대회에서는 야생 동물의 재미있는 모습을 사진으로 잘 포착한 작품에 상을 수여해요. 2015년부터 해마다 열려 2024년에 10회를 맞이했지요.

사진뿐만 아니라 사진과 잘 어울리는 제목도 눈길을 끌어요. 나뭇가지에 앉아 날개를 축 늘어뜨린 올빼미 사진의 제목은 '월요병', 옆에 앉은 다른 새를 보며 고자질하듯 한쪽 날개를 편 방울새 사진의 제목은 '말다툼'이에요. 재미있는 제목 덕분에 사람들의 웃음을 자아내지요.

이 대회를 만든 영국의 야생 동물 사진작가인 폴 조인슨 힉스와 톰 설람은 야생 동물의 서식지를 보존하고, 아름다움을 알리는 것이 대회의 목적이라고 말했어요.

그들의 바람대로 사람들은 야생 동물의 재미있는 사진을 보면서 친근감을 느끼고, 야생 동물에게 많은 관심을 가지게 되었어요. 야생 동물을 보호해야겠다는 생각도 하게 되었지요.

대회 기간에는 '웃긴 야생 동물 사진 대회' 홈페이지를 통해 누구나 투표에 참여할 수 있어요.

'웃긴 야생 동물 사진 대회'의
실제 수상작을 영상으로 만나 보아요.

나는야 세상 이야기를 들으면 신이 나는 신문 병아리 신아리
야생 동물 사진을 보고 사진에 어울리는 제목을 지어 봐.

© getty images bank

© getty images bank

© getty images bank

아리아리 신아리랑 신나게 놀아 보자 키득키득 상상 공장

엉뚱해도 좋아. 상상력을 뭉게뭉게 부풀려 봐.

'키득키득 상상 공장'이란?

현실에서는 일어날 수 없는 일을 마음껏 상상해서 글을 써 보는 거야.

어느 날 갑자기 방울새가 다가와 "공부 좀 해!"라고 말한다면?

갑자기 생긴 초능력! 야생 동물이 하는 말을 알아들을 수 있게 됐어.
야생 동물들은 어떤 대화를 나누고 있을까?

야생 동물로 다시 태어난 나.
어떤 야생 동물로 태어나서, 어디에서 무엇을 하며 살고 있을까?

아리와 함께 후루룩 신문 일기 쓰기
우리 이제 신문 일기를 써 볼까?
'키득키득 상상 공장'에 적은 내용을 활용해도 좋아.

제목:

월   일   요일

 일기 쓰기를 도와주는 아리의 질문

🖊 기사를 읽기 전, 기사 그림과 제목을 보고 어떤 생각이 들었어?

🖊 야생 동물과 대화할 수 있는 능력이 생긴다면 어떤 이야기를 나누고 싶니?

🖊 기사를 읽은 후, 새롭게 알게 된 점이나 궁금한 점이 있어?

세상에 이런 대회가?
국제 쐐기풀 먹기 대회

© getty images Korea

신아리의
오늘의 단어

허용

: 허락하여 너그럽게 받아들이는
것을 뜻해요.

예 선생님께서는 교실에
장난감을 가져오는 행동은
절대 허용할 수 없다고
말씀하셨어요.

쐐기풀이 어떤 풀인지 알고 있나요? 동화책 《백조 왕자》를 읽은 친구들이라면 쐐기풀을 알고 있을 거예요. 백조로 변한 오빠들을 원래 모습으로 되돌리기 위해 공주가 풀을 엮어 옷을 지었잖아요. 그때 재료로 삼았던 풀이 바로 쐐기풀이에요. 공주가 쐐기풀에 손이 찔려 아파하는 모습을 기억하는 친구들도 있을 거예요.

쐐기풀은 잎과 줄기에 가시가 나 있어요. 그래서 피부에 닿으면 쐐기나방의 애벌레인 쐐기에게 물린 듯 따갑다고 하여 이런 이름이 붙었어요.

그런데 영국에는 만지기만 해도 따가운 이 쐐기풀을 먹는 대회가 있답니다. 2024년 6월, 영국의 작은 마을에서 '국제 쐐기풀 먹기 대회'가 열렸어요. 30분 동안 가장 많은 쐐기풀을 먹는 사람이 우승하는 대회예요. 참가자들은 통증을 줄이기 위해 중간중간 음료를 마실 수 있어요. 하지만 통증을 줄여 주는 약을 먹거나 바르는 것은 허용하지 않는답니다.

이 대회는 1986년부터 시작된 역사 깊은 대회예요. 마을에 살던 두 농부가 어느 땅의 쐐기풀이 가장 긴지 다투다가 대회가 만들어졌다고 해요.

2024년 국제 쐐기풀 먹기 대회의 우승자인 톰 휠러 씨는 무려 35.4m의 쐐기풀을 먹었답니다.

쐐기풀로 옷을 만드는 공주의 이야기를
《백조 왕자》 영상으로 확인해 보아요.

나는야 세상 이야기를 들으면 신이 나는 신문 병아리 신아리

즐거운 OX 퀴즈 시간! 기사를 잘 읽었다면 맞힐 수 있을 거야.

1. 동화 《백조 왕자》에는 쐐기풀로 옷을 만드는 공주가 나와요.

2. 쐐기풀은 잎과 줄기에 가시가 나 있어서 피부에 닿으면
   쐐기에 물린 듯 따가워요.

3. '국제 쐐기풀 먹기 대회'는 매해 중국에서 열려요.

· · · · · · · ● 정답 182쪽

아리는 하고 싶은 말이 너무 많아

'국제 쐐기풀 먹기 대회'처럼 특이하고 재미있는 대회를 상상해 봐.
어떤 대회가 좋을까?

아리아리 신아리!
아리는 '국제 웃음 참기 대회'를 만들고 싶어. ⟩⟩

아리아리 신아리랑 중요한 내용만 쏙쏙 내 손안의 신문

기사에서 중요한 내용을 찾아서 요약해 보자.

'내 손안의 신문'이란?

손에 적힌 질문에 답을 하면서 신문 내용을 요약해 보는 거야.

어디서?

언제?

무엇을?

어떻게?

왜?

누가?

아리와 함께 후루룩 신문 일기 쓰기
우리 이제 신문 일기를 써 볼까?
'내 손안의 신문'에 적은 내용을 활용해도 좋아.

제목:

월   일   요일

 일기 쓰기를 도와주는 아리의 질문

✍ 기사를 읽기 전, '국제 쐐기풀 먹기 대회'라는 기사 제목을 보고 어떤 생각이 들었어?

✍ '국제 쐐기풀 먹기 대회'에 어떤 규칙이 있었지? 혹시 네가 추가하고 싶은 규칙이 있니?

✍ '국제 쐐기풀 먹기 대회' 우승자를 만난다면 어떤 말을 하고 싶어?

드디어 등장!
헬리콥터 택시

© getty images bank

신아리의
오늘의 어휘

교통 체증

: 차가 많거나 사고가 나는 등 도로에 일이 생겨 길이 막히는 상태를 뜻해요.

예 주말에 놀이공원에 가려면 교통 체증을 피해 일찍 출발해야 해요.

'편도'도 찾아봐야지.

꽉 막힌 도로 한가운데 서서 꼼짝 못 하는 차 안에 갇혀 본 적이 있나요? 이동이 많은 출퇴근 시간이나 명절 기간에는 특히 교통 체증이 심해요. 그럴 때면 이런 상상을 하는 사람도 있을 거예요.

'하늘을 나는 자동차가 있으면 얼마나 좋을까? 도로를 빠져나와 하늘 위에서 쌩쌩 달릴 수 있을 텐데.'

그런데 이 상상은 더 이상 꿈 같은 이야기가 아니랍니다. '헬리콥터 택시'가 등장했으니까요. 헬리콥터 택시는 서울 중심지에서 인천 공항까지 손님을 태우고 하늘을 날아 이동하는 택시예요. 자동차로 한 시간이 넘게 걸리는 거리도, 헬리콥터 택시를 타면 20분 만에 갈 수 있어요.

출발 2주 전에 스마트폰 앱으로 예약하면 누구나 이용할 수 있답니다. 단, 탑승 인원은 최소 8명이 되어야 해요. 1인당 편도 요금이 다른 운송 수단에 비해 비싸다는 단점도 있지요.

헬리콥터 택시는 큰 소음이 발생한다는 점, 착륙할 곳이 많지 않다는 점 등 아직 해결해야 할 문제들이 많아요. 하지만 이러한 단점들을 극복한다면 미래 도시의 주요 교통수단이 될 수도 있어요.

 아리도 언젠가
헬리콥터 택시를 타고 싶어!

실제로 운행 중인 헬리콥터 택시를
영상으로 만나 보아요.

나는야 세상 이야기를 들으면 신이 나는 신문 병아리 신아리

아리의 친구들이 헬리콥터 택시에 타려고 해.
다음 힌트를 읽고 친구들의 이름을 적어 봐.

과연 내 친구들의 이름을 맞힐 수 있을까?

힌트①   헬리콥터 택시에 타려는 병아리는 삐삐, 코코, 누누, 미미, 도도예요.

힌트②   도도는 가방을 메고 있는 병아리 바로 옆에서 모자를 쓰고 있어요.

힌트③   삐삐는 누누 바로 옆에서 모자를 쓰고 있어요.

힌트④   코코는 다섯 마리의 병아리 중 맨 가운데 서 있어요.

힌트⑤   미미는 초록색 가방을 메고 있어요.

········ 정답 182쪽

아리아리 신아리랑 신나게 놀아 보자 끝없이 이어지는 보태보태 놀이

지칠 때까지 이어진다! 보태보태 놀이!

'보태보태 놀이'란?

① 기사를 읽고 **문장을** 하나 만들어.   헬리콥터 택시가 있다.

⬇

② 그 문장에 어울리는 말을 보태서   하늘을 나는   **헬리콥터 택시가 있다.**
새로운 문장을 만들어.

⬇

③ 그 문장에 어울리는 말을 보태서   하늘을 나는   **헬리콥터 택시가**   서울에서 출발한다.
또 새로운 문장을 만들어.

첫 문장은 '**헬리콥터 택시를 탔다.**' 어때?

TIP! 보태보태 놀이 재미있게 하는 꿀팁! 가족 중 한 명과 대결해 봐! 과연 누가 먼저 지칠 것인가?

아리와 함께 후루룩 신문 일기 쓰기

우리 이제 신문 일기를 써 볼까?
아리의 질문에 대한 답을 적어도 좋아.

제목:

월   일   요일

 일기 쓰기를 도와주는 아리의 질문

✎ 교통 체증을 겪어 본 적이 있어? 그때 어떤 기분이 들었어?

✎ 헬리콥터 택시의 장점과 단점은 무엇일까?

✎ 헬리콥터 택시처럼 특별한 교통수단을 만든다면, 어떤 것을 만들고 싶어?

3주차
DAY 6. 동기 부여

월   일

꿈을 이룬 발레리노

© BAKi

신아리의
오늘의 관용어

손을 놓다

: 하던 일을 그만두거나 잠시
멈춘다는 뜻이에요.

예 문제가 잘 안 풀릴 때는
잠시 손을 놓고 쉬는 것도
좋은 방법이에요.

"무용하고 싶어…."

2017년, 방송에 출연해 눈물을 흘리며 무용을 하고 싶다고 말하던 초등학생이 있었어요. 아빠는 아들이 무용하는 것을 반대하며 이렇게 말씀하셨지요.

"너는 공부를 잘하니까 무용은 그냥 취미로 하면 되는 거 아니야? 우리나라에서는 남자가 무용해서 성공한 예가 많지 않잖아."

아빠의 설득에도 아들은 꿋꿋이 말했어요.

"그냥 내가 무용하는 게 좋다고…. 아빠 눈에는 내가 행복해하는 모습은 안 보여?"

아빠가 반대한다고 해서 마냥 손을 놓고 있을 수 없던 아들은 끊임없이 연습하고 도전했어요. 그리고 결국 세계 최고의 발레단인 '러시아 마린스키 발레단'에 합격해 멋진 발레리노가 되었답니

다. 이 감동적인 성장 이야기의 주인공은 바로 전민철 발레리노예요.

전민철 씨는 어린 시절 몸이 약해 축구, 태권도, 무용 등 다양한 활동에 도전했다고 해요.

그중 무용의 매력에 빠진 전민철 씨는 아빠의 반대에도 불구하고 끈기 있게 무용을 계속했고, 결국 오랫동안 바라 온 꿈을 이루게 되었어요.

사람들은 전민철 씨의 모습에서 희망의 메시지를 발견했어요. 주변의 반대가 있더라도 좋아하는 일을 포기하지 않고 꾸준히 한다면 꿈을 이루는 순간이 찾아온다는 것을 확인한 거예요.

2017년, 방송에 출연했던
전민철 발레리노를
지금 바로 만나 보아요.

나는야 세상 이야기를 들으면 신이 나는 신문 병아리 신아리

꿈을 이룰 수 있도록 도와주는 '꿈의 요정'을 만났어.
꿈의 요정은 어떤 모습일지 상상해 보고 적어 봐.

 꿈의 요정은 __날개__ 가 얇아요.

1. 꿈의 요정은 _____ 가(이) 길어요.

2. 꿈의 요정은 _____ 가(이) 뾰족뾰족해요.

3. 꿈의 요정은 _____ 가(이) 커요.

4. 꿈의 요정은 _____ 가(이) 동글동글해요.

 꿈의 요정은 어떻게 생겼을까?
글과 그림으로 마음껏 표현해 봐.

아리는 하고 싶은 말이 너무 많아

꿈의 요정이 딱 한 가지 부탁을 들어준다면, 어떤 부탁을 하고 싶어?

나는 꿈의 요정한테 무지개색 깃털을 달라고 말할 거야.
그리고 하늘을 훨훨 날아야지!

아리아리 신아리랑 하나씩 탐구해 보자 인물 탐구 클럽

기사 속 인물에 대해 궁금한 점을 모두 떠올려 봐.

'인물 탐구 클럽'이란?

기사 속 인물에 대해 깊이 생각하고 탐구해 보는 거야.
전민철 발레리노에게 하고 싶은 질문을 스스로 만들어 보아도 좋아.

전민철 발레리노는 어떤 사람이야? 한 문장으로 표현해 봐.

전민철 발레리노는 아버지의 반대에 부딪혔을 때 어떤 마음이었을까?

전민철 발레리노에게 별명을 지어 준다면 뭐라고 짓고 싶어?
그렇게 생각한 이유도 말해 줘.

아리와 함께 후루룩 신문 일기 쓰기

우리 이제 신문 일기를 써 볼까?
'인물 탐구 클럽'에 적은 내용을 활용해도 좋아.

제목:

월　　　　일　　　　요일

 일기 쓰기를 도와주는 아리의 질문

✏ 기사를 읽기 전, '발레리노'라는 직업에 대해 어떤 생각을 갖고 있었어?

✏ 전민철 발레리노처럼 부모님의 반대에 부딪혔을 때 어떻게 행동하면 좋을까?

✏ 만약 전민철 발레리노를 실제로 만난다면 무슨 말을 하고 싶어?

3주차
DAY 7. 사회

월   일

오늘만 이 가격, 반짝 세일!
충동구매

세일 중이네.
사야겠다!

© getty images bank

신아리의
오늘의 단어

사흘

: 3일을 뜻해요. 4일은 나흘,
5일은 닷새라고 하지요.

예 홍시가 먹고 싶어서 과일
가게에 갔는데, 홍시는
사흘 뒤에 들어온다고 해서
사과를 사 왔어요.

'오늘만 이 가격, 반짝 세일!'

효진이는 하교 후 문구점에 들렀다가 고민에 빠졌어요. 인기 있는 캐릭터 스티커를 딱 오늘만 할인해서 판다는 광고 문구를 봤기 때문이에요. 친구들은 스티커를 사기 위해 우르르 몰려들었어요.

효진이는 갑자기 마음이 급해졌어요. 지금 사지 않으면 스티커가 다 팔려 버릴 것 같았어요. 게다가 오늘만 할인이라니, 고민하다가는 좋은 기회를 놓쳐 버릴 수도 있다는 생각이 들었어요. 효진이는 주머니 속에 있는 천 원짜리 지폐를 만지작거리다가 결국 스티커를 사서 집으로 돌아왔어요.

그런데 다음 날, 문구점에 갔더니 '오늘만 이 가격, 반짝 세일!'이라는 광고 문구가 그대로 있고,

스티커도 잔뜩 쌓여 있었어요. 이틀 후에도, 사흘 후에도 마찬가지였어요. 게다가 급하게 산 스티커는 서랍 어디에 두었는지 떠오르지 않았어요.

효진이처럼 물건을 살 생각도 없었고, 필요하지도 않았는데 광고나 물건을 보고 갑자기 사고 싶어져 구매하는 것을 '충동구매'라고 해요. 충동구매를 하면 돈을 낭비하게 되고, 필요 없는 물건이 쌓이게 돼요. 충동구매를 하지 않도록 물건을 사기 전에는 미리 계획하는 것이 좋답니다.

충동구매를 막는
올바른 소비 방법에 대해
영상으로 알아보아요.

나는야 세상 이야기를 들으면 신이 나는 신문 병아리 신아리

평소 사고 싶었던 물건을 떠올리며 빈칸을 채워 봐.

물건을 사기 전에 이 표대로 적어 보고 결정해 봐!

①	사고 싶은 물건은 무엇인가요?		
②	꼭 필요한 물건인가요?	네	아니오
③	물건을 살 수 있는 돈이 있나요?	네	아니오
④	물건을 샀을 때 좋은 점과 나쁜 점을 생각해 보세요.	좋은 점:	나쁜 점:
⑤	그렇게 생각한 이유는 무엇인가요?		

 아리가 가장 좋아하는 끝말잇기 시간

기사에 나온 낱말의 마지막 글자를 시작으로 끝말잇기를 해 보자.

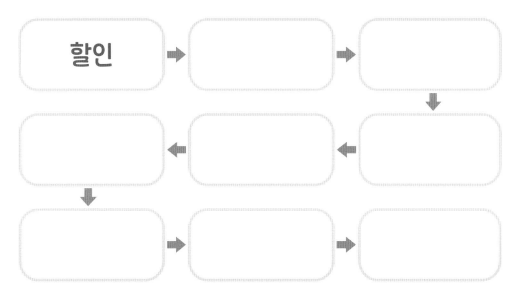

할인 ➡ ☐ ➡ ☐

아리아리 신아리랑 마음을 토닥토닥 나도 그랬어

충동구매를 후회하는 효진이에게 공감의 말을 건네 보자.

'나도 그랬어'란?

인물과 비슷한 감정을 느꼈던 순간을 떠올린 후 인물에게 공감의 말을 해 주는 거야.

효진이　　　　　　　나

후회해

스티커를 살 생각이 없었는데
문구점에서 광고를 보고
충동구매를 했어.
돈이 아깝고 후회돼.

효진아! 나도 그랬어.

아리와 함께 후루룩 신문 일기 쓰기
우리 이제 신문 일기를 써 볼까?
아리의 질문에 대한 답을 적어도 좋아.

제목:

월   일   요일

일기 쓰기를 도와주는 아리의 질문

🖋 '오늘만 이 가격, 반짝 세일!'이라는 광고 문구를 보면 어떤 생각이 들어?

🖋 충동구매를 하는 효진이를 보며 무슨 생각이 들었니?

🖋 물건을 사기 전에 꼭 생각해 보아야 할 점이 있다면 무엇일까?

4주차
DAY 1. 동기 부여

월   일

그레타 툰베리
지구를 위해 외치다

지구가 병들고 있어!
나랑 같이
지구를 지키자!

© getty images Korea

신아리의
오늘의 단어

파업

: 하던 일을 중지한다는 뜻이에요.

예 피곤한 날에는 숙제
파업이라고 문 앞에
적어 둔 뒤 침대에 누워
쿨쿨 자고 싶어요.

'동참'도 찾아봐야지.

지구가 점점 병들어 가고 있다는 사실을 언제 처음 알게 되었나요?

세계적인 환경 운동가 그레타 툰베리는 여덟 살 때 그 사실을 알게 되었어요. 그녀는 기후 변화에 대해 더 깊이 공부할수록 크게 절망했어요. 환경 오염으로 인한 심각한 기후 변화로 지구가 위험에 처해 있는데 사람들은 아무것도 하지 않았으니까요.

툰베리는 열다섯 살이 되었을 때, 지구를 지키기 위해 학교에 가지 않고 1인 시위를 벌였어요. 툰베리가 든 팻말에는 이렇게 적혀 있었지요.

'기후를 위한 학교 파업'

툰베리의 시위 소식은 곳곳으로 퍼져 나갔고, 세계 수백만 명의 아이들이 동참하기 시작했어요.

유명해진 툰베리는 유엔 기후 회의에도 초대받았어요. 그곳은 각 나라를 대표하는 어른들이 모인 자리였지요. 많은 어른들 앞에서 툰베리는 똑똑히 자기 의견을 전했어요.

"당신들은 자녀를 가장 사랑한다고 말하지만, 기후 변화에 적극적으로 대처하지 않는 모습으로 자녀들의 미래를 훔치고 있습니다."

툰베리의 연설은 사람들에게 큰 울림을 전했어요. 툰베리는 지금도 활발히 환경 운동을 벌이며 지구를 구하기 위해 노력하고 있어요.

그레타 툰베리의 유엔 연설 장면을
영상으로 만나 보아요.

나는야 세상 이야기를 들으면 신이 나는 신문 병아리 신아리

즐거운 OX 퀴즈 시간! 기사를 잘 읽었다면 맞힐 수 있을 거야.

1. 그레타 툰베리는 어른이 된 후 환경 운동에 참여했어요.

2. 그레타 툰베리는 학교에 가지 않고 시위를 하는 아이들에게
   학교로 돌아가라고 말했어요.

3. 그레타 툰베리는 유엔 기후 회의에서 자기 의견을
   똑똑히 전했어요.

• • • • • • • • 정답 182쪽

아리는 궁금한 게 너무 많아

그레타 툰베리에 대한 너의 생각을 말해 줘.

각 나라를 대표하는
어른들이 모인 자리에서
자기 의견을 똑똑히 전하는
그레타 툰베리는 정말
멋진 사람이야.

나도 지구를 생각하면
가슴이 정말 아파.
그레타 툰베리처럼 지구를 위해
내가 할 수 있는 일을 찾아
꼭 실천해 볼래!

지구를 걱정하는
그레타 툰베리의 마음이
느껴져. 툰베리를 도와 모든
사람이 힘을 합해서
지구를 지키자!

아리아리 신아리랑 꿈을 위해 노력하는 사람에게 선물하자 위대한 상장

환경 운동가 그레타 툰베리에게 어떤 칭찬을 하고 싶어?

---·'위대한 상장'이란?·---

멋진 일을 한 인물을 칭찬하는 상장을 직접 만들어 보는 거야.

상

그레타 툰베리

 어린이 대표

아리와 함께 후루룩 신문 일기 쓰기

우리 이제 신문 일기를 써 볼까?
아리의 질문에 대한 답을 적어도 좋아.

제목:

월   일   요일

일기 쓰기를 도와주는 아리의 질문

이 질문에 대한 답을 연결해서
일기로 적어 보아도 좋아.

✎ 기사를 읽기 전, 그레타 툰베리에 대해 알고 있었니?

✎ 어린 나이에 환경 운동을 펼치는 그레타 툰베리를 보며 어떤 생각이 들었어?

✎ 만약 그레타 툰베리를 만난다면 하고 싶은 말이 있어?

4주차
DAY 2. 사회

월   일

먹어 볼까?
곤충을 재료로 한 요리

© getty images bank

신아리의
오늘의 단어

함량

: 한 물질에 어떤 성분이
  포함되어 있는 양을 뜻해요.

- - - - - - - - - - - - - - -

예 멸치는 칼슘 함량이
   많아요.

'사육'도 찾아봐야지.

곤충을 반찬으로 먹는 날이 온다면 어떨 것 같나요? '도저히 못 먹을 것 같아.'라고 생각하는 사람도 있을 테고, '맛있을 수도 있어.'라고 생각하는 사람도 있을 거예요.

곤충은 우리 몸에 꼭 필요한 영양소 중 하나인 단백질이 풍부해 미래 식량으로 주목받고 있어요. 사람들이 자주 먹는 소고기나 돼지고기의 단백질 함량과 비교했을 때 조금도 손색이 없지요. 또한 다른 가축보다 사료가 적게 들고, 사육 기간도 짧아 간편하게 먹거리를 생산할 수 있어요.

아프리카와 같이 식량난을 겪고 있는 지역에서는 식용 곤충이 기아 문제를 해결하는 좋은 대안이 될 것으로 기대하고 있어요. 그뿐만 아니라 미국, 핀란드, 덴마크 등 몇몇 나라의 고급 레스토랑에서는 곤충으로 만든 요리를 판매하고 있답니다. 우리나라에서는 사람이 먹을 수 있는 식용 곤충으로 총 10종을 인정하고 있어요.

영양가가 풍부하고, 간편하게 생산할 수 있다는 큰 장점에도 사람들은 여전히 식용 곤충에 대한 거부감을 느끼고 있어요.

곤충이 건강하고 깨끗한 먹거리라는 사실이 널리 알려지고, 곤충을 가공한 다양하고 맛있는 식품이 더 많이 개발된다면 식용 곤충은 미래의 든든한 먹거리로 자리 잡을 수 있을 거예요.

곤충 요리 전문가가 만든
다양한 곤충 요리를
영상을 통해 살펴보아요.

나는야 세상 이야기를 들으면 신이 나는 신문 병아리 신아리

'곤충 요리 연구가'가 되어 사람들이 좋아할 만한 멋진 곤충 요리 메뉴를 만들어 봐.

글로 적어도 좋고, 그림으로 표현해도 좋아.
메뉴 설명까지 부탁해!

아리가 가장 좋아하는 끝말잇기 시간

기사에 나온 낱말의 마지막 글자를 시작으로 끝말잇기를 해 보자.

곤충 ➡ ➡

⬇

⬅ ⬅

⬇

➡ ➡

아리아리 신아리랑 하나씩 탐구해 보자 주제 탐구 클럽

기사 주제인 '곤충 요리'에 대해 궁금한 점을 모두 떠올려 봐.

'주제 탐구 클럽'이란?

기사의 주제에 대해 깊이 생각하고 탐구해 보는 거야.
'곤충 요리'에 대한 질문을 스스로 만들어 보아도 좋아.

 곤충으로 만든 요리의 장점은 무엇일까?

 사람들이 곤충 요리를 많이 먹을 수 있게 하는 방법은 무엇일까?

 네가 만들고 싶은 곤충 요리 메뉴에 기발하고 재미있는 이름을 붙여 봐.
왜 그런 이름을 지었는지도 말해 줘.

아리와 함께 후루룩 신문 일기 쓰기

우리 이제 신문 일기를 써 볼까?
'주제 탐구 클럽'에 적은 내용을 활용해도 좋아.

제목:

월   일   요일

 일기 쓰기를 도와주는 아리의 질문

✐ 기사를 읽기 전, '곤충을 재료로 한 요리'라는 제목을 보고 어떤 생각이 들었니?

✐ 네가 곤충 요리를 만든다면, 어떤 곤충으로 만들고 싶어? 모두 말해 봐!

✐ 기사를 읽은 후, 궁금한 점이나 새롭게 알게 된 점이 있다면 어떤 거야?

4주차
DAY 3. 생각 쑥쑥

월   일

다시 쓰는 옛날이야기
선녀와 나무꾼

내 생각은 다른데….
이야기를 다시 쓸래!

© getty images bank

신아리의
오늘의 단어

홀어머니

: 남편 없이 혼자 자식을 키우며
살아가는 여자를 뜻해요.

예 **홀어머니** 밑에서 씩씩하게
자란 옆집 언니는
무엇이든 스스로 잘해요.

서진이는 수요일을 좋아해요. 수요일 아침이면 교실에 '책 읽어 주는 할머니'가 오셔서 그림책을 읽어 주시거든요.

이번 주 수요일에 할머니께서 읽어 주신 책은 《선녀와 나무꾼》이에요. 홀어머니를 모시고 살던 나무꾼이 나무를 하러 갔다가 우연히 선녀를 만나고, 둘이 결혼한다는 내용이었지요.

그런데 서진이는 이야기를 들으면서 이상하다는 생각이 들었어요. 나무꾼은 선녀가 목욕하는 모습을 훔쳐보았고, 선녀가 벗어 둔 날개옷을 숨겨서 하늘로 돌아가지 못하게 하여 선녀와 결혼했기 때문이에요.

'다른 사람이 목욕하는 모습을 몰래 지켜보는 건 나쁜 행동인데.'

'남의 물건을 숨기고 돌려주지 않는 것도 절대 하면 안 되는 행동인걸.'

나무꾼이 큰 잘못을 했는데도, 선녀와 행복하게 결혼한 모습이 이상하게 느껴졌어요. 서진이가 솔직하게 생각을 말하자, 할머니께서는 고개를 끄덕이며 《선녀와 나무꾼》 이야기를 새롭게 지어 보라고 하셨어요.

서진이는 곰곰이 생각한 후 정말 재미있는 이야기가 떠올랐다고 말하며 '다시 쓰는 선녀와 나무꾼'을 적었답니다. 어떤 이야기가 완성되었을까요?

'선녀와 나무꾼' 이야기를
영상으로 만나 보아요.

나는야 세상 이야기를 들으면 신이 나는 신문 병아리 신아리

《선녀와 나무꾼》 이야기를 새롭게 다시 써 봐.

🖊 다시 쓰는 선녀와 나무꾼

 선녀와 결혼하고 싶은 나무꾼! 옷을 훔치는 대신 어떻게 행동하면 좋을까?

 목욕하는 모습을 훔쳐본 나무꾼 때문에 화가 난 선녀! 어떻게 행동하면 좋을까?

 '내가 만약 선녀였다면' 또는 '내가 만약 나무꾼이었다면' 어떻게 행동했을까?

아리아리 신아리랑 마음껏 상상해 보자 **만약에 이야기**

기사의 내용 중 일부를 바꾸어 새로운 이야기를 써 보자.

'만약에 이야기'란?

기사 속 주인공의 성격을 바꾸거나, 주변 상황을 바꾸어 새로운 이야기를 써 보는 거야.

 만약 《선녀와 나무꾼》 이야기에서 선녀의 직업이 경찰이었다면?

 만약 '책 읽어 주는 할머니'의 정체가 나무꾼의 홀어머니였다면,
할머니는 서진이에게 어떤 말을 했을까?

아리와 함께 후루룩 신문 일기 쓰기

우리 이제 신문 일기를 써 볼까?
'만약에 이야기'에 적은 내용을 활용해도 좋아.

제목:

월   일   요일

 일기 쓰기를 도와주는 아리의 질문

✍ 기사를 읽기 전 《선녀와 나무꾼》 이야기를 들어 본 적이 있니?

✍ 새롭게 쓰고 싶은 다른 옛날이야기가 있니? 어떻게 바꾸고 싶어?

✍ 기사를 읽은 후, 어떤 생각이 들었어?

4주차
DAY 4. 과학

월   일

국제 우주 정거장
우주의 신비를 느낄 수 있는 곳

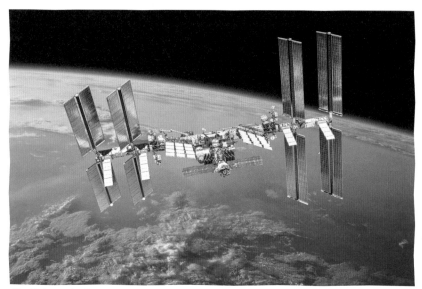

ⓒ getty images bank

신아리의
오늘의 단어

중력

: 지구가 지구 위의 물체를
끌어당기는 힘을 뜻해요.

예 중력이 없는 곳에 가면
어떤 느낌이 들지
궁금해요.

하루에 열여섯 번씩 태양이 뜨고 지는 모습을 볼 수 있는 곳이 있어요. 그곳은 바로 국제 우주 정거장(ISS)이에요. 국제 우주 정거장에서는 우주 비행사들이 머물며 여러 가지 실험을 해요. 우주에서 식물을 키울 수 있는지, 우주에 오랫동안 머물면 몸에 어떤 변화가 생기는지 등을 연구하지요.

얼마 전 우주에서 8일 동안 머물고 돌아올 예정이었던 우주 비행사 두 명이 우주선이 고장 나는 바람에 2025년 2월까지 국제 우주 정거장에 머물게 되었어요. 다행히 두 사람은 예전에도 우주에서 오랫동안 머문 경험이 있어서 큰 문제 없이 잘 지내고 있다는 소식을 전해 왔지요.

우주 비행사들이 지내는 국제 우주 정거장의 크기는 월드컵 축구 경기장만 해요. 실내는 공기로 채워져 있고 화장실과 샤워실, 운동 기구 등이 갖추어져 있어요. 우주 비행사들은 낮은 중력 때문에 무거운 신발을 신거나 손잡이를 잡고 이동해요. 잠을 잘 때는 몸이 떠다니지 않도록 벨트를 하고, 물건은 매직테이프로 붙여 벽에 고정하지요.

미국 항공 우주국(NASA)은 우주 비행사들이 안전하게 생활할 수 있도록 국제 우주 정거장과 24시간 내내 연락을 주고받고 있어요.

국제 우주 정거장에 머물게 된
우주 비행사의 모습을
영상을 통해 살펴보아요.

나는야 세상 이야기를 들으면 신이 나는 신문 병아리 신아리

**우주 비행사가 외계인의 암호를 발견했어.
암호를 풀어서 빈칸에 적어 봐.**

아리는 잘 모르겠어.
외계인이 뭐라고 하는 걸까?

❶

ㅇㅏㄹㅣㄴㅡㄴ
ㅇㅏㄹㅡㅁㄷㅏㅇㅜㄴ
ㅈㅣㄱㅜㄹㅡㄹ
ㅈㅗㅎㅇㅏ해.

⌒
⌒
⌒
⌒

❷

주황붕색붕별붕이
우리가살붕고있는
붕행성이붕야.

⌒
⌒
⌒

❸

우주의많은#ㅕㄹ중에서
#ㅕㄹ똥#ㅕㄹ은
우리가가장좋아하는
음식이야.

⌒
⌒
⌒
⌒

❹

우리포는며칠전
포화성으로포즐겁게
소풍을다포녀왔어포.

⌒
⌒
⌒

••••••• 정답 182쪽

111

아리아리 신아리랑 마음껏 상상해 보자 변화하는 표정 놀이

우주 비행사들은 상황에 따라 어떤 표정을 지을까?

'변화하는 표정 놀이'란?

상황에 맞는 표정을 그려 보고, 그 표정을 지으며 어떤 말을 했을지 적어 보는 거야.

· 우주로 떠날 때 우주 비행사

일주일 동안 우주를 탐험하는군.
딱 일주일만 머무는 거니 내 생일 파티는
우주를 다녀와서 하면 되겠어.
자, 그럼 힘차게 출발!

· 우주선이 고장 난 사실을 알게 된 우주 비행사

· 국제 우주 정거장에 머물게 된 우주 비행사

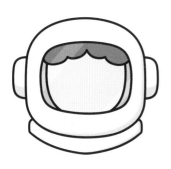

아리와 함께 후루룩 신문 일기 쓰기
우리 이제 신문 일기를 써 볼까?
'변화하는 표정 놀이'에 적은 내용을 활용해도 좋아.

제목:

월   일   요일

일기 쓰기를 도와주는 아리의 질문

🖋 기사를 읽기 전, 국제 우주 정거장 사진을 보고 어떤 생각이 들었어?

🖋 국제 우주 정거장에 오랫동안 머물고 있는 우주 비행사는 어떤 생각을 하며 지낼까?

🖋 국제 우주 정거장에서 생활할 때, 좋은 점과 힘든 점은 무엇일까?

4주차
DAY 5. 마음 돌봄

월   일

나는 왜 안 돼요?

치,
나도 늦게까지
놀고 싶은데….

© getty images bank

신아리의
오늘의 단어

단호하다

: 결심이나 태도가 흔들리지 않고
엄격하다는 뜻이에요.

예 형은 절대 축구공을
빌려줄 수 없다고
단호하게 말했어요.

"친구들은 다 되는데, 나는 왜 안 돼요?"

도경이는 잔뜩 심술이 난 얼굴로 엄마한테 투정을 부렸어요. 친구들과 저녁 8시에 동네 놀이터에서 놀기로 약속했는데 엄마가 허락해 주지 않았거든요.

엄마는 너무 늦은 시간까지 친구들과 밖에서 노는 것은 위험해서 안 된다고 단호하게 이야기했어요. 도경이는 했던 말을 반복하며 엄마를 졸랐어요.

"엄마, 다들 늦게까지 놀이터에서 놀다가 집에 들어간단 말이에요. 엄마는 내가 친구들이랑 같이 못 노는 게 좋아요? 왜 나만 안 되냐고요."

"도경아, 집마다 규칙도 다르고 중요하게 여기는 것도 달라. 많은 친구가 한다고 해서 그게 꼭 옳거나 좋은 것은 아니야."

엄마는 커다란 스케치북을 펼치고 도경이를 불렀어요. 스케치북에는 이렇게 적혀 있었지요.

<도경이와 함께 만드는 우리 집 규칙>

1. 저녁 늦게 친구들과 놀이터에서 놀면 어떤 점이 좋을까?
2. 저녁 늦게 친구들과 놀이터에서 놀면
어떤 점이 안 좋을까?
3. 우리 집 규칙을 새롭게 만든다면?

도경이는 늦은 시간까지 놀이터에서 놀 때의 좋은 점과 안 좋은 점에 대해 깊이 생각해 보았어요. 과연 어떤 규칙이 만들어졌을까요?

네가 만약 도경이라면
어떻게 행동했을지 생각해 봐!

나는야 세상 이야기를 들으면 신이 나는 신문 병아리 신아리
<도경이와 함께 만드는 우리 집 규칙>에 대한 생각을 적어 봐.

 저녁 늦게 친구들과 놀이터에서 놀면 어떤 점이 좋고, 어떤 점이 좋지 않을까?

 도경이 집에는 어떤 규칙이 새롭게 만들어졌을까?

 헤헤 못 맞힐걸?
설명을 읽고 어떤 낱말인지 맞혀 봐.

힌트! 기사에 있는 낱말이야.

ㅌㅈ   ㅇㅅ   ㄱㅊ

모자라거나 못마땅하여
떼를 쓰며 조르는 일

다른 사람과 앞으로
어떻게 할지 미리 정하는 것

여러 사람이 다 같이
지키기로 한 것

...... 정답 182쪽

115

아리아리 신아리랑 마음껏 말해 보자 거침없이 야호

규칙을 정하기 전 엄마와 도경이는 무슨 말을 할까?

'거침없이 야호'란?

기사 속 주인공이 되어 하고 싶은 말을 거침없이 해 보는 거야.
문장을 시작할 때는 '하고 싶은 말이 있어.'로 시작하기!

친구들과 저녁에 동네 놀이터에서 만나기로 했어.
그런데 엄마가 허락해 주지 않아.
엄마한테 꼭 하고 싶은 말이 있어.

하고 싶은 말이 있어.

집마다 규칙이 다르고 많은 친구가 한다고 해서
그게 꼭 옳은 건 아닌데….
도경이한테 꼭 하고 싶은 말이 있어.

하고 싶은 말이 있어.

아리와 함께 후루룩 신문 일기 쓰기

우리 이제 신문 일기를 써 볼까?
'거침없이 야호'에 적은 내용을 활용해도 좋아.

제목:

월   일   요일

일기 쓰기를 도와주는 아리의 질문

✎ 기사를 읽기 전, '나는 왜 안 돼요?'라는 제목을 보고 어떤 생각이 들었어?

✎ 우리 집만의 규칙을 만든다면, 부모님과 함께 어떤 규칙을 만들고 싶어?

✎ 규칙은 꼭 지켜야 할까?

4주차
DAY 6. 사회

월   일

특명!
바나나를 지켜라

© getty images bank

마트에 가면 수북이 쌓여 있는 바나나가 멸종 위기에 처해 있다는 사실을 알고 있나요? 어디에서나 볼 수 있는 흔한 바나나가 멸종 위기라니 이상하다는 생각이 들 수도 있지만, 이는 과거에도 지금도 엄연한 사실이에요.

1950년대까지 사람들이 먹던 바나나는 '그로 미셸' 바나나로 지금과는 다른 종이었어요. 지금 우리가 먹는 바나나보다 훨씬 달콤한 맛이었지요.

하지만 그로 미셸 바나나는 '파나마병'이라는 전염병이 퍼져 멸종하고 말아요. 파나마병은 곰팡이가 바나나 나무의 뿌리를 썩게 하는 병으로 전염력이 매우 강해요. 파나마병을 일으키는 곰팡이는 홍수나 강한 바람을 통해 널리 퍼져 나갔지요.

그로 미셸 바나나가 파나마병으로 멸종한 이후 '캐번디시' 바나나가 등장했어요. 파나마병을 이겨 낸 캐번디시 바나나는 세계 바나나 생산량의 대부분을 차지할 정도로 인기를 끌었어요.

하지만 1980년대에 이르러 변종 파나마병이 퍼지기 시작했어요. 변종 파나마병은 동남아시아와 아프리카 등 전 세계로 퍼져 나가고 있어서 언젠가 캐번디시 바나나 역시 멸종될 수도 있다고 해요. 전문가들은 바나나의 멸종을 막기 위해서는 캐번디시 바나나만 고집할 것이 아니라 다양한 바나나 품종을 개발해야 한다고 말했어요.

아리가 제일 좋아하는 과일이 바나나인데….
바나나야! 멸종되면 안 돼!

나는야 세상 이야기를 들으면 신이 나는 신문 병아리 신아리

내가 개발하고 싶은 새로운 품종의 바나나를 그리고 특징을 적어 봐.

이런 모습은 어때?
나는 파나마병을 이겨 내는
강력한 힘을 가진 바나나야.

119

아리아리 신아리랑 색깔로 표현해 보자 무지개 쪽지

멸종 위기에 처한 바나나를 생각하면 어떤 색깔이 떠올라?

'무지개 쪽지'란?

주제에 어울리는 색깔을 고르고, 왜 그 색깔을 골랐는지 적어 보는 거야.

아리는 멸종 위기에 처한 바나나를 생각하면
갈색이 떠올라. 파나마병에 걸려 힘들어하는
바나나의 모습이 왠지 갈색일 것 같아.

알록달록한 무지개색도 떠올라.
멸종 위기를 극복하고 다양한 색깔의
바나나가 개발될 것 같거든.

아리와 함께 후루룩 신문 일기 쓰기

우리 이제 신문 일기를 써 볼까?
'무지개 쪽지'에 적은 내용을 활용해도 좋아.

제목:

월   일   요일

일기 쓰기를 도와주는 아리의 질문

✎ 바나나가 멸종 위기에 처한 이유는 무엇일까?

✎ 만약 바나나가 완전히 멸종된다면 어떤 일이 벌어질까?

✎ 기사를 읽은 후, 새롭게 알게 된 점이 있다면 어떤 거야?

4주차
DAY 7. 사회

월　　　일

안내견 탱이의 이야기

나는 어디든
갈 수 있어!

SERVICE DOG

© getty images bank

신아리의
오늘의 단어

- - - - - - - - -

보행

: 걸어 다니는 것을 뜻해요.

- - - - - - - - -

예 축구하다가 넘어지는
바람에 보행을 못할
정도로 다리가 아파요.

시각 장애인 안내견 탱이의 일기
202X년 4월 20일 토요일, 바람 솔솔 부는 날

　나는 시각 장애인 안내견이다. 그리고 나의 주인인 주아는 시각 장애인이다. 주아의 안전한 보행을 위해 나는 항상 주아를 따라다니며 길을 안내해 준다. 내가 주아에게 도움이 되어 행복하다.

　하지만 오늘 같은 날은 힘이 빠진다. 주아와 함께 햄버거 가게에 갔다가 쫓겨났기 때문이다. 나는 오랫동안 훈련을 받았기 때문에 식당에서 소란을 피우지 않는다. 하지만 식당 주인이 개는 절대 들어올 수 없다고 말하며 우리를 내쫓았다.

　정당한 이유 없이 시각 장애인 안내견의 식당 출입을 거부할 수 없다는 법이 만들어진 지 20년이나 지났는데, 여전히 주아와 나는 식당에서 쫓겨날 때가 많다. 힘없이 걷는 주아를 보니 마음이 아팠다.

　여러분, 탱이의 일기를 잘 읽어 보았나요? 매년 4월 20일은 장애인의 날이에요. 장애에 대해 깊이 이해하고, 장애인이 보다 나은 일상생활 및 사회적 활동을 할 수 있도록 지원하고 지지하기 위해 만든 날이지요.

　탱이의 사례에서 보았듯이, 장애인은 생활 속에서 예상치 못한 어려움에 맞닥뜨리기도 해요. 이러한 어려움을 겪지 않도록 많은 사람이 서로의 차이를 존중하는 마음을 가져야 한답니다.

4월 20일이 장애인의 날이구나!
앞으로는 잊지 말고 꼭 기억해야지.

시각 장애인 안내견을
영상으로 만나 보아요.

나는야 세상 이야기를 들으면 신이 나는 신문 병아리 신아리

우리 함께 약속하자. 빈칸에 이름을 적고 큰 소리로 읽어 봐.

약속해요

나 [   ] 은(는) 장애인과 장애인이 아닌 사람이

모두 함께 평등하고 행복한 생활을 할 수 있도록

아래와 같이 다짐합니다.

하나, 장애와 관련된 단어를 장난으로 사용하지
　　　않겠습니다.

둘, 장애인을 다른 사람과 똑같이 대하겠습니다.

셋, 장애인에게 도움을 주고 싶을 때는
　　　상대가 원하는지 먼저 물어보겠습니다.

넷, 서로의 차이를 존중하는 마음을 갖겠습니다.

아리아리 신아리랑 중요한 내용만 쏙쏙 내 손안의 신문

기사에서 중요한 내용을 찾아서 요약해 보자.

'내 손안의 신문'이란?

손에 적힌 질문에 답을 하면서 신문 내용을 요약해 보는 거야.

어디서?

언제?   무엇을?

어떻게?

왜?

누가?

아리와 함께 후루룩 신문 일기 쓰기

우리 이제 신문 일기를 써 볼까?
'내 손안의 신문'에 적은 내용을 활용해도 좋아.

제목:

월   일   요일

일기 쓰기를 도와주는 아리의 질문

✐ 길을 가다가 시각 장애인 안내견을 본 적이 있어?

✐ 식당 주인이 탱이가 식당에 들어오지 못하게 막은 것을 보고 어떤 생각이 들었어?

✐ 네가 만약 주아와 같은 상황에 처한다면 어떤 기분이 들까?

5주차
DAY 1. 동기 부여

월   일

102세 할머니의 도전
스카이다이빙

나도
할 수 있다!

ⓒ getty images bank

신아리의
오늘의 단어

착지하다

: 공중에서 땅으로 내린다는 뜻
이에요.

예 낙하산이 안전한 곳에
착지했어요.

'상공'도 찾아봐야지.

얼마 전 영국에 사는 마네트 베일리 할머니는 102번째 생일을 맞아 스카이다이빙에 용감하게 도전했어요. 2100m 상공을 나는 비행기에서 뛰어내린 거예요.

베일리 할머니는 문득 친구의 아버지가 85세에 스카이다이빙에 도전했다는 얘기를 떠올리고, 자신도 스카이다이빙을 해 보기로 결심했다고 해요. 베일리 할머니가 안전하게 착지하는 순간, 사람들은 환호하며 할머니를 향해 달려갔어요. 베일리 할머니는 이렇게 말했어요.

"성공했어요! 비행기 문이 열렸을 때 제가 할 수 있는 건 그저 뛰는 거였죠. 떨어지면서 눈을 감았고 아주 빠른 속도로 여행하는 느낌이 들었어요."

베일리 할머니의 용감한 도전은 이번이 처음이 아니에요. 100번째 생일에는 경주용 자동차를 타고 레이싱 전용 도로를 시속 210km로 질주하기도 했어요.

베일리 할머니는 스카이다이빙을 성공적으로 마친 후 소감을 남겼어요.

"80세, 90세를 향해 가는 다른 사람들도 무엇이든 포기하지 않기를 바랍니다."

사람들은 베일리 할머니의 도전을 보며 목표가 있다면 늦은 때는 없다는 것을 다시 한번 느낄 수 있었답니다.

베일리 할머니가 스카이다이빙에
도전하는 순간을 영상으로 만나 보아요.

즐거운 OX 퀴즈 시간! 기사를 잘 읽었다면 맞힐 수 있을 거야.

1. 베일리 할머니는 102번째 생일을 맞아 스카이다이빙에
   도전했어요.

2. 베일리 할머니는 친구의 아버지가 85세에 스카이다이빙에
   도전했다는 이야기를 들은 적이 있어요.

3. 베일리 할머니는 90번째 생일 때 경주용 자동차를 타고
   시속 210km로 달린 적이 있어요.

······▶ 정답 182쪽

아리는 궁금한 게 너무 많아

만약 스카이다이빙에 도전한다면 뛰어내리기 전에
뭐라고 외치고 싶어?

아리는 이렇게 말할 거야.
"드디어 하늘을 난다! 야호!"

아리아리 신아리랑 마음껏 상상해 보자 두근두근 당신의 머릿속

베일리 할머니에게는 어떤 꿈이 있었을까?

'두근두근 당신의 머릿속'이란?

기사 속 인물이 어떤 꿈을 꾸며 살았을지 상상해 봐.
꿈과 관련된 것은 무엇이든 좋으니, 인물의 머릿속을 신나게 탐험해 보는 거야.

우리 이제 신문 일기를 써 볼까?
'두근두근 당신의 머릿속'에 적은 내용을 활용해도 좋아.

제목:

월   일   요일

일기 쓰기를 도와주는 아리의 질문   이 질문에 대한 답을 연결해서
일기로 적어 보아도 좋아.

✎ 나중에 100번째 생일을 맞이했을 때 도전하고 싶은 일이 있어?

✎ 베일리 할머니를 만난다면 어떤 말을 하고 싶니?

✎ 포기했던 일 중에 다시 도전하고 싶은 일이 있어?

울긋불긋
단풍에 숨겨진 비밀

© getty images bank

**신아리의
오늘의 단어**

상록수

: 사계절 내내 잎이 푸른 나무를
뜻하는 말이에요.

예 우리 학교에는 소나무와
같은 상록수가 많아요.

'색소'도 찾아봐야지.

창문 너머로 뒷산을 가만히 바라보던 하진이가 말했어요.

"엄마! 나뭇잎이 어제보다 더 물들었어요."

여름부터 뒷산을 관찰해 온 하진이는 점점 노란색과 빨간색으로 물들어 가는 나뭇잎을 바라보며 감탄했지요. 그러다 문득 궁금해졌어요.

"왜 가을이 되면 단풍이 드는 거예요?"

엄마가 기다렸다는 듯이 대답해 주셨어요.

"날씨가 추워지면 나뭇잎 속에 들어 있던 초록색 색소가 사라지거든. 나뭇잎에는 '엽록소'라는 초록색 색소가 있는데, 엽록소는 날씨가 따뜻해지면 많이 생기고 추워지면 사라져. 가을이 오면 엽록소가 사라지면서 초록색이 옅어지고, 대신 빨간색과 노란색 색소가 잘 보이게 돼."

하진이는 날씨에 따라 나뭇잎의 초록색 색소가 많아질 수도 있고, 없어질 수도 있다는 사실이 신기했어요.

"참, 하진아. 가을이 되어도 단풍이 들지 않는 나무도 있어."

"알아요! 소나무, 맞죠?"

"맞아. 사계절 내내 잎이 푸른 나무를 상록수라고 해. 소나무 외에 또 어떤 상록수가 있을까?"

하진이는 상록수에는 어떤 나무들이 있는지 알아보기 위해 책을 찾기 시작했어요.

가을에 단풍이 드는 원리를
영상을 통해 더 알아보아요.

다양한 모양의 단풍잎을 그려서 아름다운 가을 장식품을 완성해 봐.

예

© getty images bank

예시로 나온 단풍잎 사진을 보고 따라 그려 봐.
네가 생각하는 단풍잎의 모습을 그려도 좋아.

아리아리 신아리랑 두근두근 진실 게임 진실 혹은 거짓

진실 사이에 거짓 숨겨 놓기! 거짓은 무엇?

'진실 혹은 거짓'이란?

기사 내용을 참고해서 사실인 문장 3개와 거짓인 문장 1개를 만들어 봐.

그리고 가족 중 한 명에게 거짓인 문장을 찾아 보라고 하는 거야.

과연 찾을 수 있을까?

'엽록소는 날씨가 추워지면 사라진다.'

아리아리 신아리가 만든 문장은 진실 혹은 거짓?

우리 이제 신문 일기를 써 볼까?
'진실 혹은 거짓'에 적은 내용을 활용해도 좋아.

제목:

월   일   요일

일기 쓰기를 도와주는 아리의 질문

✐ 울긋불긋 단풍이 든 가을 풍경을 떠올리면 어떤 기분이 들어?

✐ 가족이나 친구에게 단풍이 드는 이유를 설명해야 한다면 뭐라고 말할 수 있을까?

✐ 기사를 읽은 후, 새롭게 알게 된 점이나 더 알아보고 싶은 점이 있니?

10월 25일
독도의 날

독도는
대한민국 땅!

© getty images bank

신아리의
오늘의 단어

반환

: 빌리거나 차지했던 것을
  되돌려준다는 뜻이에요.

예 예약을 취소하니 잘못 보낸
  예약금을 반환해 줬어요.

'침략'도 찾아봐야지.

노래 <독도는 우리 땅>은 우리나라 사람이라면 누구나 한 번쯤 흥얼거려 봤을 거예요. 오늘은 이 노래를 조금 더 크게 불러 보세요. 우리가 배울 기념일이 바로 '독도의 날'이니까요.

독도는 우리나라 동해에 있는 작은 섬이에요. 울릉도에서 90km 정도 떨어져 있지요. 독도는 오래전부터 우리 땅이었는데 일본 정부는 그 사실을 부정하며 자기 나라 땅이라고 우기고 있어요. 독도가 우리 땅이라는 사실을 증명하는 역사적 자료는 매우 많아요.

첫째, 우산국이라고 불리던 독도와 울릉도는 신라 시대 지증왕 때부터 신라의 영토가 되었다고 삼국사기에 기록되어 있어요.

둘째, 조선 시대 어부였던 안용복이 일본으로 건너가 '울릉도와 독도는 조선의 영토다.'라는 확인서를 받아 왔어요.

셋째, 대한 제국 문서에도 독도가 울릉도 소속이라는 사실이 나와 있어요.

넷째, 1800년대 일본 교과서에 독도는 조선 땅이라고 쓰여 있어요.

다섯째, 제2차 세계 대전에서 패배한 일본은 침략한 땅을 원래대로 되돌려주었고, 우리나라의 모든 섬 역시 반환하기로 각서를 썼어요.

현재 독도에는 우리나라 경찰인 '독도 경비대'가 독도를 지키고 있어요.

가사가 새롭게 바뀐
<독도는 우리 땅> 노래를
영상으로 만나 보아요.

나는야 세상 이야기를 들으면 신이 나는 신문 병아리 신아리

흐린 글자를 따라 쓰고, '돌이키다'를 뜻하는 '반'이 들어 있는
말을 찾아 O 해 보자(3개).

돌이킬 반	돌아올 환

返	還
돌이킬 반	돌아올 환

'돌이키다'라는 뜻을 가진 반 + '돌아오다'라는 뜻을 가진 환

= 원래 상태로 되돌려 놓음 반환

반송   반지   반품

반지르르   반납

········• 정답 182쪽

아리는 하고 싶은 말이 너무 많아

독도가 일본 땅이라고 주장하는 일본 정부에게 편지를 보내자.

대한민국 어린이:

135

아리아리 신아리랑 신나게 놀아 보자 끝없이 이어지는 버블버블 생각 주머니

한계란 없어! 기사를 읽고 자유롭게 생각을 떠올려 봐.

'버블버블 생각 주머니'란?

기사를 읽고 나서 떠오르는 생각을 모두 다 적어 보는 거야.

신아리의
버블버블
생각 주머니

독도에 가 보고 싶어 독도는 우리땅

독도 경비대 **우리 땅**

안용복 **독도** 넘보지 마시오

일본 땅 아님 10월 25일

독도를 지키자 우산국 **독도의 날**

⋯⋯⋯의
버블버블
생각 주머니

TIP! 버블버블 생각 주머니 적는 꿀팁! '이런 것을 적어도 될까?'라는 생각은 절대 하지 않기!
무엇이든 다 좋아! 마음껏 적어 봐.

아리와 함께 후루룩 신문 일기 쓰기

우리 이제 신문 일기를 써 볼까?
'버블버블 생각 주머니'에 적은 내용을 활용해도 좋아.

제목:

월   일   요일

 일기 쓰기를 도와주는 아리의 질문

✎ 독도를 생각하면 어떤 것들이 떠올라?

✎ 독도를 지키기 위해 내가 할 수 있는 일에는 무엇이 있을까?

✎ 기사를 읽은 후, 더 알아보고 싶은 내용이 있어?

5주차
DAY 4. 과학

월   일

코모도왕도마뱀
이빨에 숨겨진 비밀

어때?
공룡인 줄
알았지?

© getty images bank

신아리의
오늘의 단어

표본

: 생물의 몸 전체나 일부에
적당한 처리를 하여 보존할 수
있게 만든 것을 말해요.

예 자연사 박물관에서 다양한
동물 표본을 볼 수 있어서
좋았어요.

'철분'도 찾아봐야지.

'지구상 마지막 공룡'이라는 별명이 붙은 코모도왕도마뱀은 약 400만 년 전부터 지구에 살았어요. 몸길이는 평균 3m에 이르고 몸무게는 최대 160kg에 달하지요. 이렇게 거대한 코모도왕도마뱀은 달리기 속도가 매우 빨라요. 사슴, 산돼지 등을 공격해 잡아먹을 수 있을 정도로 어마어마한 속도를 자랑하지요.

상대의 뼈를 부러뜨릴 만큼 강력한 이빨과 치명적인 독, 사냥 중에는 유독 포악해지는 성격도 코모도왕도마뱀의 특징이에요.

그런데 최근 코모도왕도마뱀이 강력한 포식자로 살아갈 수 있었던 비밀이 추가로 밝혀졌어요. 바로 '철 코팅 이빨'이에요.

영국의 한 연구팀은 코모도왕도마뱀의 이빨을 연구하던 중 이빨의 가장자리 부분이 주황색으로 물들어 있는 것에 주목했어요. 처음에는 단순한 얼룩이라고 여겼지만, 박물관에 있는 치아 표본들을 살펴본 결과 모든 코모도왕도마뱀이 같은 특징을 가지고 있었어요. 주황색 부분은 철분이 집중되어 물든 것이었죠.

전문가들은 코모도왕도마뱀이 철로 코팅된 이빨로 큰 먹잇감을 잘 찢어 먹을 수 있었을 것이라고 추측하고 있답니다.

움직이는 코모도왕도마뱀을 보고 싶다면
영상을 확인해 보아요.

나는야 세상 이야기를 들으면 신이 나는 신문 병아리 신아리

내가 만약 코모도왕도마뱀에게 잡힌 사슴이라면 어떤 꾀를 써서 도망칠지 적어 봐.

아리는 긴 다리로 날쌔게 도망칠 거야!

아리가 가장 좋아하는 끝말잇기 시간

기사에 나온 낱말의 마지막 글자를 시작으로 끝말잇기를 해 보자.

이빨 ➡ ➡

⬇

⬅ ⬅

⬇

➡ ➡

아리아리 신아리랑 또박또박 말해 보자 내 친구를 소개합니다

코모도왕도마뱀에 대해 알게 된 점을 소개해 보자.

'내 친구를 소개합니다'란?

기사 속 주인공의 친구가 되어 주인공을 소개하는 거야.

· 내 친구 코모도왕도마뱀을 소개합니다!

코모도왕도마뱀의 별명은

코모도왕도마뱀의 크기와 몸무게는

코모도왕도마뱀의 특징은

코모도왕도마뱀이 강력한 포식자로 살아갈 수 있는 이유는

코모도왕도마뱀과 나의 공통점 또는 차이점은

우리 이제 신문 일기를 써 볼까?
'내 친구를 소개합니다'에 적은 내용을 활용해도 좋아.

제목:

월   일   요일

일기 쓰기를 도와주는 아리의 질문

✎ 기사를 읽기 전, 코모도왕도마뱀에 대해 들어 본 적 있어?

✎ 코모도왕도마뱀의 특징 중 어떤 것이 가장 기억에 남아?

✎ 기사를 읽은 후, 새롭게 알게 된 점이나 궁금한 점이 있니?

태국의 스타
피그미하마

내가 좀
귀엽긴 하지!

피그미하마, 무뎅 © i viewfinder / Shutterstock

신아리의
오늘의 단어

미만

: 정해진 수나 정도에 차지 못한
상태를 뜻해요.

예 학교에 지각한 아이들은
다섯 명 미만이에요.

몸무게가 1톤이 넘을 정도로 거대하고 무거운 몸을 가진 하마. 하마는 초식 동물이지만 난폭한 성격과 큰 덩치로 때때로 사람들에게 위협을 가하기도 해요. 아프리카 강가에서는 매년 하마의 공격을 받아 다치거나 죽는 사람이 있지요.

하지만 우리가 알고 있는 하마와는 달리 몸집이 작고 성격이 순한 하마도 있어요. 바로 하마의 친척인 피그미하마예요. 몸 크기는 일반 하마의 절반도 안될 정도로 작고, 겁이 많아 싸움보다는 도망가거나 숨는 걸 좋아해요. 멸종 위기에 처해 있어 야생에는 2500마리 미만이 살고 있을 것으로 추정해요. 그래서 동물원에서 피그미하마가 태어나면 귀한 대접을 받는답니다.

얼마 전 태국의 한 동물원에서 피그미하마가 태어나 화제예요. 이 피그미하마의 이름은 '무뎅'으로 태국 요리에서 이름을 따왔어요. '통통 튀는 돼지'라는 뜻도 있지요.

무뎅의 통통하고 작은 몸과 똘망똘망한 눈, 장난꾸러기 같은 성격이 담긴 영상이 SNS를 통해 퍼지자 무뎅의 인기는 더욱 높아졌어요. 무뎅의 영상을 본 사람들은 무뎅을 직접 만나고 싶어 동물원을 찾기도 해요.

무뎅의 팬이 늘어나자, 동물원 측은 무뎅을 보러 오지 못하는 사람들을 위해 CCTV를 통해 무뎅의 모습을 생중계하고 있어요.

태국 사람들에게 사랑받는
귀여운 피그미하마 무뎅을
영상으로 만나 보아요.

재미있는 수수께끼 시간! 질문을 읽고 알맞은 답을 골라 봐.

1. 무뎅은 어떤 동물?   돼지   피그미하마

2. 무뎅이 태어난 나라는?   태국   아프리카

3. '무뎅'이라는 이름의 뜻은?   통통 튀는 돼지   똘망똘망한 눈

· · · · · · · ▶ 정답 182쪽

아리는 궁금한 게 너무 많아
피그미하마는 어떤 특징이 있는지 적어 봐.

기사에서 피그미하마의 특징이 나온 부분에
밑줄을 긋고, 그대로 옮겨 적어도 좋아.

아리아리 신아리랑 하나씩 탐구해 보자 주인공 탐구 클럽

기사 속 주인공에 대해 궁금한 점을 모두 떠올려 봐.

'주인공 탐구 클럽'이란?

기사 속 주인공에 대해 깊이 생각하고 탐구해 보는 거야.
피그미하마 무뎅에게 하고 싶은 질문을 스스로 만들어 보아도 좋아.

 피그미하마 무뎅의 별명을 지어 봐. 그렇게 지은 이유도 말해 줘.

 피그미하마 무뎅이 말을 할 수 있다면 동물원에 온 사람들에게 어떤 말을 할까?

 피그미하마 무뎅이 있는 동물원 앞에 표지판이 만들어졌어.
어떤 내용이 적혀 있을까?

아리와 함께 후루룩 신문 일기 쓰기

우리 이제 신문 일기를 써 볼까?
'주인공 탐구 클럽'에 적은 내용을 활용해도 좋아.

제목:

월　일　요일

일기 쓰기를 도와주는 아리의 질문

✎ 기사를 읽기 전, 기사의 사진과 제목을 보고 어떤 생각이 들었어?

✎ 만약 피그미하마 무뎅과 친구가 된다면 어떤 이야기를 나누고 싶어?

✎ 기사를 읽은 후, 피그미하마 무뎅에 대해 더 궁금한 점이 있니?

5주차
DAY 6. 과학

월   일

등산 중 만난 신비로운 현상
요괴일까 과학일까?

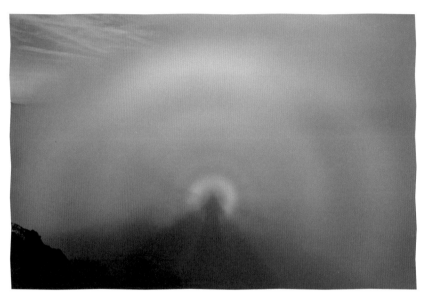

© getty images bank

신아리의
오늘의 단어

자욱하다

: 연기나 안개가 잔뜩 끼어
흐릿한 상태를 말해요.

예 오랜만에 간 호수 공원에는
안개가 자욱했어요.

'관측'도 찾아봐야지.

눈을 감고 상상해 보세요. 안개 낀 산, 안개 위로 비치는 사람 모양의 그림자, 그림자 주변을 감싸고 있는 무지개 모양의 신비스러운 띠. 등산을 하다가 이런 현상을 발견하면 어떤 생각이 들까요?

이 현상은 등산가들에게 행운의 상징으로 여겨지는 '브로켄 현상'이에요. 독일의 브로켄산에 오른 등산가들이 처음 관측하여서 '브로켄 현상'이라는 이름이 붙었어요.

산꼭대기에 선 사람 앞에 안개가 자욱하고 뒤에서 해가 비칠 때, 그 사람의 그림자가 안개 위에 비치면서 그림자 주변에 무지개 같은 띠가 보이는 과학 현상이에요.

과학이 발달하지 않았던 과거에는 브로켄 현상을 요괴나 귀신으로 오해하기도 했어요. 그래서 이 현상을 '브로켄의 요괴'라고 부르기도 한답니다.

얼마 전 우리나라 한라산 백록담에서도 브로켄 현상이 관찰되어 사람들의 관심을 끌었어요. 사진과 영상을 통해 브로켄 현상을 접한 사람들은 '천사가 걸어 나오는 것 같다.', '행운이 찾아올 것 같다.'라고 말하며 브로켄 현상에 감탄했어요.

우리나라에서는 한라산뿐만 아니라 북한산, 지리산, 설악산에서도 브로켄 현상이 관찰된 적이 있어요.

한라산 백록담에서 관찰된
브로켄 현상을
지금 바로 살펴보아요.

아리가 브로켄 현상을 기호로 표현했어.
두 그림의 관계를 보고 빈 곳에 알맞은 그림을 그려 봐.

· · · · · · · · ● 정답 182쪽

아리는 궁금한 게 너무 많아

설명을 읽고 어떤 낱말인지 맞혀 봐.

힌트!
기사에 있는 낱말이야. >

ㅎ ㅅ   ㄱ ㄹ ㅈ   ㄱ ㅊ

인간이 알 수 있는
사물의 모양과 상태

예 브로켄 ○○

물체가 빛을 가려서
그 물체의 뒷면에
생기는 검은 그늘

사물이나 현상을
자세히 살펴봄

· · · · · ● 정답 182쪽

아리아리 신아리랑 마음껏 상상해 보자 **변화하는 표정 놀이**

아리가 우연히 브로켄 현상을 봤다면 어떤 표정을 지었을까?

------ **'변화하는 표정 놀이'란?** ------

상황에 맞는 표정을 그려 보고, 그 표정을 지으며 어떤 말을 했을지 적어 보는 거야.

· 등산하다 우연히 브로켄 현상을 본 아리

잠깐만! 저게 뭐지?
안개 위에 거대한 그림자가 있잖아.
주변에 무지개도 있어!

· 브로켄 현상을 보고 귀신이라고 생각한 아리

· 브로켄 현상이 과학 현상이라는 것을 알게 된 아리

우리 이제 신문 일기를 써 볼까?
아리의 질문에 대한 답을 적어도 좋아.

제목:

월   일   요일

일기 쓰기를 도와주는 아리의 질문

🖋 기사를 읽기 전, 기사의 사진과 제목을 보고 어떤 생각이 들었어?

🖋 등산을 하다 우연히 브로켄 현상을 본다면 어떻게 할 것 같아?

🖋 기사를 읽은 후, 브로켄 현상에 대해 더 알아보고 싶은 점이 있니?

5주차
DAY 7. 과학

월   일

웃기고 재미있는 연구도 좋아요
웃긴 노벨상

언젠가 너도
탈 수 있어!

© getty images bank

인류 발달에 크게 **기여**한 사람에게 주는 세계 최고의 상은 바로 노벨상이에요. 그런데 노벨상과 이름은 비슷하지만, 성격은 전혀 다른 '이그노벨상'이 있다는 걸 아나요?

이그노벨상은 웃기고 기발한 과학 연구를 한 연구진에게 주는 상이에요. 그래서 '웃긴 노벨상'이라는 별명을 갖고 있지요. 자유롭고 도전적인 연구를 해야 위대한 연구로 이어질 수 있다는 뜻이 상에 담겨 있어요.

이그노벨상은 미국 하버드대의 과학 유머 잡지인 '애널스 오브 임프로버블 리서치'가 1991년에 만들었어요. 해마다 다양한 분야에서 수상자를 발표하고 있지요.

올해 생리학 분야의 이그노벨상 수상자는 포유류가 항문으로 호흡할 수 있다는 사실을 발견한 일본 연구팀이에요. 연구를 주도한 다카노리 박사는 이 연구가 웃음과 함께 생각거리를 던져 준다는 점에서 흐뭇하다며 수상 소감을 전해 왔어요.

2023년에는 공공 보건 분야에서 우리나라의 박승민 박사가 스마트 변기 연구로 이그노벨상을 수상했어요. 박승민 박사가 개발한 스마트 변기는 대소변의 사진을 찍어 건강 상태를 확인할 수 있답니다. 이그노벨상, 정말 재밌고 유쾌한 상이죠?

이그노벨상을 수상한 박승민 박사를
영상으로 만나 보아요.

기사에 구멍이 뽕뽕 뚫렸어.
빈칸에 알맞은 낱말을 써 기사를 완성해 줘.

• 웃기고 기발한 과학 연구를 내놓은 연구진에게

을 수여해요.

•   가 항문으로 호흡할 수 있다는 사실을 발견한

연구팀이 올해 생리학 분야에서 이그노벨상을 탔어요.

· · · · · · · ● 정답 182쪽

아리는 궁금한 게 너무 많아

과학자가 되어 재미있고 웃긴 연구를 한다고 상상해 봐.
어떤 연구를 할까?

아리는 동물의 똥을 연구할 거야.
냄새가 가장 심한 똥을 누는 동물은 무엇일지
연구하면 정말 재미있을 것 같아.

아리아리 신아리랑 칭찬 듬뿍 해 보자 칭찬 소나기

이그노벨상 수상자에게 해 주고 싶은 말을 모두 찾아 적어 봐.

'칭찬 소나기'란?

하늘에서 소나기가 쏟아지듯, 기사 속 인물에게 칭찬을 많이 해 주는 거야.

당신은 똑똑해요.

당신은 기발해요.

당신은 대단해요.

당신은 독특해요.

상 받은 걸 축하해요.

당신의 연구는 멋져요.

당신의 아이디어는 최고예요.

당신의 연구는 도움이 돼요.

 새로운 칭찬도 환영이야!

우리 이제 신문 일기를 써 볼까?
아리의 질문에 대한 답을 적어도 좋아.

제목:

월   일   요일

일기 쓰기를 도와주는 아리의 질문

✎ 이그노벨상 수상자에게 어떤 말로 축하하고 싶어?

✎ 다른 이그노벨상 수상자들은 어떤 연구로 상을 받았을까?

✎ 네가 만약 이그노벨상을 받는다면 어떻게 반응할 것 같아?

월   일

높이 더 높이
인간 탑 쌓기

'인간 탑 쌓기' 연습 ⓒ Wikimedia Commons

 신아리의
오늘의 어휘

공동체 의식

: 집단에 속해 사람들과 생활이나
행동, 목적 등을 함께하고
있다는 의식을 뜻해요.

예 줄다리기에서 승리하기
위해서는 공동체 의식이
필요해요.

스페인에는 '인간 탑 쌓기' 대회가 있어요. 인간 탑은 100명이 넘는 사람들이 협동하여 층층이 탑을 쌓는 형식으로 만들어요. 스페인 카탈루냐 지방의 오래된 전통문화로, 2010년 유네스코 인류 무형 문화유산으로 지정되었어요. 스페인에서는 이 인간 탑을 '카스텔'이라고 부르는데, 카탈루냐 어로 '성'을 뜻해요.

인간 탑의 낮은 층은 건장한 성인 남성으로 구성되고, 높은 층은 몸무게가 가벼운 어린이들로 구성돼요. 팀끼리 같은 색 옷을 입기 때문에 색깔로 팀을 구분할 수 있어요. 또한 모든 참가자는 허리띠를 매는데 이 허리띠는 허리를 보호하고, 아래에서 위로 올라가는 참가자에게 손잡이나 발판이 되어 주어요.

인간 탑을 높이 쌓기 위해서는 정교한 기술과 지식이 필요한데, 이는 비공개라고 해요. 같은 팀 사람들끼리만 비법을 공유하고, 오직 연습을 통해서만 배울 수 있지요.

참가자 모두가 서로에게 의지하고 협동했을 때 탑이 완성되기 때문에 참가자들은 공동체 의식이 매우 높아요. 올해 열린 인간 탑 쌓기 대회에는 총 42팀이 참여했고, '빌라 프랑카'팀이 우승을 차지했답니다.

'인간 탑 쌓기' 대회 장면을
영상으로 확인해 보아요.

나는야 세상 이야기를 들으면 신이 나는 신문 병아리 신아리

사람들은 인간 탑을 쌓으며 어떤 대화를 나눌까?

ⓒ Wikimedia Commons

아리는 하고 싶은 말이 너무 많아

가족 또는 친구들과 협동해 본 경험이 있다면 적어 봐.

아리는 친구와 협동해서 교실을 말끔하게 청소했어.

아리아리 신아리랑 꼬리에 꼬리를 무는 신문 내용 정리 시간 꼬꼬신

신문 기사에서 중요한 내용을 떠올려 봐.

'꼬꼬신'이란?

꼬리에 꼬리를 무는 신문, 꼬꼬신!
신문 기사의 내용을 차례대로 정리해 보는 거야.

스페인에는
이런 대회가 있어요.

붉은색 부분만 바꿔서 써 봐.
멋진 문장을 만들 수 있어.

....

....

이런 사람들이 참여해
함께 '인간 탑'을 만들어요.

....

....

'인간 탑'은
혼자서 만들 수 없기 때문에
대회 참가자들은 이 의식이 매우 높아요.

....

....

아리와 함께 후루룩 신문 일기 쓰기

우리 이제 신문 일기를 써 볼까? '꼬꼬신'에 적은 내용을 활용해도 좋아.

제목:

월   일   요일

일기 쓰기를 도와주는 아리의 질문

> 이 질문에 대한 답을 연결해서
> 일기로 적어 보아도 좋아.

✏ '인간 탑 쌓기 대회'에 대해 간단히 설명해 볼까?

✏ 네가 만약 이 대회에 참가한다면 미리 어떤 점을 준비하고 싶어?

✏ 기사를 읽은 후, 새롭게 알게 된 점이나 궁금한 점이 있니?

6주차
DAY 2. 속담

월   일

열 번 찍어 아니 넘어가는 나무 없다

© getty images bank

신아리의
속담 공부

- - - - - - - - - - - - - - - -

오르지 못할 나무는 쳐다보지도 마라

: 자기가 해낼 수 없는 일은
처음부터 욕심내지 말라는
뜻을 가진 속담이에요.

- - - - - - - - - - - - - - - -

'나무'가 들어간
다른 속담도 찾아봐.

옛날 어느 마을에 동이라는 아이가 아버지와 단둘이 살고 있었어요. 나무꾼이었던 동이의 아버지는 산에서 큼직한 나무를 베어 와 사람들에게 팔 때 가장 뿌듯했지요.

어느 날 산에 나무를 베러 갔다가 발을 헛디딘 동이의 아버지는 다리를 심하게 다치고 말았어요. 그 바람에 한동안 일을 할 수 없게 되었어요.

아버지를 대신해 일을 해야겠다고 결심한 동이는 지게를 짊어지고 도끼를 챙겨 산으로 향했어요. 아버지를 기쁘게 해 드리고 싶은 마음에 커다란 나무를 찾아 도끼로 내리쳤지만 나무는 꿈쩍도 안 했어요. 동이는 다시 한번 온 힘을 다해 도끼를 휘둘렀어요. 여전히 나무는 꿈쩍도 안 했지요.

고민하던 동이는 딱 열 번만 나무를 내리쳐 보기로 마음먹었어요. 다섯 번쯤 지나자 꿈쩍도 하지 않던 나무가 흔들리기 시작했어요.

"좋았어! 가능성이 보여."

땀을 뻘뻘 흘리며 열 번째로 나무를 내리치는 순간, 나무가 우지끈 소리를 내며 넘어갔어요. 동이는 소리를 지르며 좋아했답니다.

"역시 포기하지 않으면 되는구나!"

"열 번 찍어 아니 넘어가는 나무 없다"는 계속해서 노력하면 안 되는 일이 없다는 뜻을 가진 속담이에요. 또 굳은 사람이라도 여러 번 꾀고 달래면 마음이 변한다는 의미도 있어요.

속담과 관련된 이야기가
궁금하다면 영상을 살펴보아요.

나는야 세상 이야기를 들으면 신이 나는 신문 병아리 신아리
오늘 배운 속담을 따라 적어 보자.

열 번 찍어 아니 넘어가는 나무 없다

열 번 찍어 아니 넘어가는 나무 없다

아리는 궁금한 게 너무 많아
"열 번 찍어 아니 넘어가는 나무 없다"라는 속담과 비슷한 경험이 있다면 적어 봐.

한글 공부가 너무 힘들어서 포기하고 싶었지만
꾸준히 했더니 이제는 책도 잘 읽고 글자도 잘 쓰게 됐어.

아리아리 신아리랑 마음 탐구 시작! 그래서 내 마음은…

원인과 결과를 생각하며 주인공의 마음을 헤아려 보자.

'그래서 내 마음은…'이란?

기사 속 주인공에게 일어난 일을 살펴보고,
그 일로 인해 어떤 마음이 생겼는지 생각해 보는 거야.

동이에게 일어난 중요한 사건

동이의 마음

아리와 함께 후루룩 신문 일기 쓰기

우리 이제 신문 일기를 써 볼까?
아리의 질문에 대한 답을 적어도 좋아.

제목:

월   일   요일

 일기 쓰기를 도와주는 아리의 질문

✐ 동이는 왜 포기하지 않고 계속해서 도전했을까?

✐ 네가 만약 동이라면 어떻게 행동했을 것 같아?

✐ 꾸준히 노력해서 성공하면 어떤 기분일까?

6주차
DAY 3. 역사

월   일

소금 장수였다가 왕이 된
미천왕

사람의 일은 알 수 없어.

© getty images bank

신아리의
오늘의 단어

경계하다

: 예상하지 못한 사고가 생기지 않도록 조심하는 것을 뜻해요.

예 친구네 집 강아지는 나를 보자마자 경계하는 듯이 왈왈 짖었어요.

고구려에는 소금 장수였다가 왕이 된 사람이 있어요. 바로 미천왕이에요. 미천왕의 이름은 을불이에요.

을불은 매우 힘든 어린 시절을 보냈어요. 을불의 삼촌인 봉상왕이 왕의 자리를 지키기 위해 을불의 아버지를 죽이고, 을불마저 죽이려고 했기 때문이에요. 두려움에 떨던 을불은 궁에서 달아나 시골로 갔어요.

그곳에서 을불은 신분을 숨기고 부잣집 머슴으로 살기도 하고, 소금 장수가 되어 여러 지역을 떠돌기도 했지요.

어느 날 을불은 궁궐에서 온 낯선 신하 한 명을 만났어요.

"을불 왕자님! 왕자님, 맞으시지요?"
"아닙니다. 저는 그저 소금 장수일 뿐입니다."

을불은 그가 자신을 해치러 왔다고 생각해 몹시 경계했어요. 하지만 알고 보니 그 신하는 을불을 새로운 왕으로 모시고 싶어 찾아온 것이었어요. 봉상왕이 백성들을 괴롭히고 나라를 잘 다스리지 못했거든요. 망설이던 을불은 신하와 함께 궁궐로 돌아가 봉상왕을 몰아내고 고구려의 왕이 되었어요. 미천왕은 소금 장수로 오랫동안 지냈던 경험 덕분에 백성들의 마음을 잘 헤아렸답니다.

미천왕의 이야기를
영상을 통해 더 자세히 알아보아요.

나는야 세상 이야기를 들으면 신이 나는 신문 병아리 신아리

즐거운 OX 퀴즈 시간! 기사를 잘 읽었다면 맞힐 수 있을 거야.

1. 미천왕은 삼촌인 봉상왕과 사이가 매우 좋았다.

2. 미천왕은 왕이 되기 전, 시골에서 머슴으로 생활하기도 했고
   소금 장수가 되어 여러 지역을 떠돌기도 했다.

3. 미천왕은 백성들의 마음을 잘 헤아렸다.

········● 정답 182쪽

아리는 궁금한 게 너무 많아

기사를 읽은 후 미천왕에 대한 너의 생각을 말해 줘.

궁에서 지내던 을불이
시골로 달아나서 머슴과
소금 장수로 살았다는 게
대단하게 느껴져. 두렵고
낯설었을 텐데 말이야.

왕이 되고 나서도 소금
장수였던 경험을 잊지 않고
잘 기억해서 백성들의
마음을 헤아렸다는 게
감동적이야.

소금 장수로 생활하다가
결국 왕이 되었네. 어렵고
힘든 상황에서도 잘 견딘
모습이 참 멋져.

아리아리 신아리랑 마음껏 상상해 보자 만약에 역사

과거의 일이 만약 다르게 진행되었다면 어땠을지 생각해 보자.

'만약에 역사'란?

실제 역사와 다르게 '만약 ~했다면' 어땠을지 상상해서 적어 보는 거야.

시골로 도망간 을불이 "나는 이 나라의 왕자다!"라고 말하며 마을 사람들을 신하로 여겼다면?

을불을 찾아온 신하가 알고 보니 봉상왕의 편이었다면?

아리와 함께 후루룩 신문 일기 쓰기

우리 이제 신문 일기를 써 볼까?
'만약에 역사'에 적은 내용을 활용해도 좋아.

제목:

월   일   요일

 일기 쓰기를 도와주는 아리의 질문

✎ 시골로 도망가 소금 장수로 생활하던 을불은 어떤 생각을 하며 지냈을까?

✎ 네가 만약 을불이었다면 궁에서 나온 뒤로 어떻게 행동했을 것 같아?

✎ 미천왕이 된 을불에게 어떤 점을 본받고 싶어?

6주차
DAY 4. 예술

월   일

풀리지 않는 수수께끼
나스카 지상화

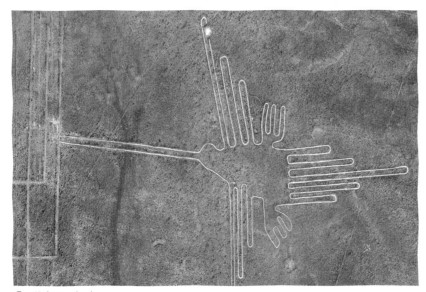

© getty images bank

신아리의
오늘의 단어

정교하다

: 솜씨나 기술이 빈틈없고
자세하다는 뜻이에요.

예 선생님께서 내 미술
작품이 정교하다고
칭찬해 주셨어요.

'고원'도 찾아봐야지.

페루에 있는 '나스카 지상화'는 외계인의 작품이라는 별명이 있을 정도로 신비로운 그림이에요.

약 2000년 전에 만들어진 것으로 추측되는데, 대부분의 그림이 너무나 거대해서 오직 하늘에서만 전체 모습을 볼 수 있어요. 비행기를 타고 하늘 위로 올라가 나스카 고원을 내려다보면 상어, 새, 거미, 꽃 등 다양한 그림이 모습을 드러낸답니다.

땅에서는 움푹 파인 선만 보이기 때문에 그 선이 거대한 그림의 일부일 거라고 생각하기는 쉽지 않아요. 그러니 나스카 지상화가 발견된 지 100년이 채 지나지 않았다는 사실은 그리 놀라운 일이 아니지요.

나스카 지상화가 처음 발견되었을 때 사람들은 여러 가지 의문을 품었어요. 비행기도 없던 시절에 이 거대한 그림을 어떻게 이토록 정교하게 만들었는지, 누가 만들었는지, 어떤 목적으로 만들었는지 알아내기 위해 많은 고고학자와 탐험가가 이에 대해 연구했어요. 하지만 여전히 풀지 못한 의문들이 많이 남아 있어요.

얼마 전 일본의 한 연구팀은 인공 지능을 이용해 나스카 지상화 약 300점을 추가로 발견했어요. 새롭게 발견된 나스카 지상화 중에는 크기가 작아 땅에서 확인할 수 있는 그림도 있다고 해요.

새롭게 발견된 나스카 지상화를
영상으로 만나 보아요.

나는야 세상 이야기를 들으면 신이 나는 신문 병아리 신아리

아래의 그림을 보고 어떤 뜻을 담은 그림인지 추측해 봐.

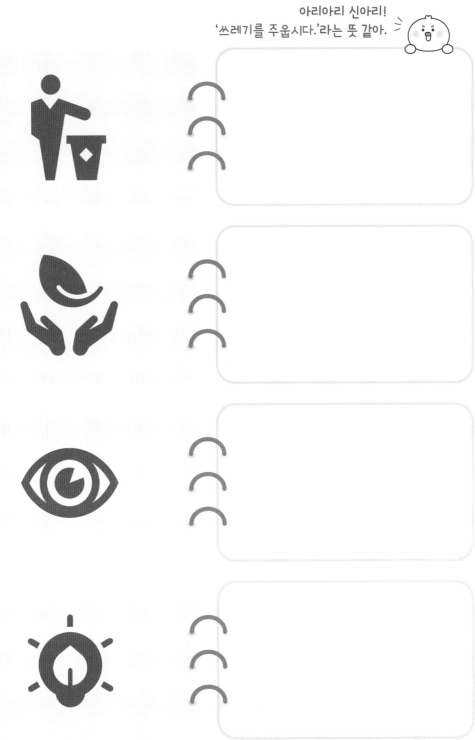

아리아리 신아리!
'쓰레기를 주웁시다.'라는 뜻 같아.

아리아리 신아리랑 꿈을 위해 노력하는 사람에게 선물하자 위대한 상장

나스카 지상화를 만든 사람은 누구일지 상상해 보고, 그 사람에게 상장을 수여해 보자.

'위대한 상장'이란?

멋진 일을 한 인물을 칭찬하는 상장을 직접 만들어 보는 거야.

상

나스카 지상화를 그린 사람

어린이 대표

아리와 함께 후루룩 신문 일기 쓰기

우리 이제 신문 일기를 써 볼까?
'위대한 상장'에 적은 내용을 활용해도 좋아.

제목:

월   일   요일

 일기 쓰기를 도와주는 아리의 질문

✐ 기사를 읽기 전, 나스카 지상화에 대해 알고 있었어?

✐ 나스카 지상화를 실제로 본다면 어떤 기분이 들 것 같아?

✐ 나스카 지상화를 만든 사람에게 하고 싶은 말이 있니?

지나치게 많은 관광객
괴로운 주민들

© getty images Korea

**신아리의
오늘의 단어**

소음

: 불규칙하게 뒤섞여 불쾌하고
시끄러운 소리를 말해요.

예 이곳은 소음이 심해서
대화를 나누기 힘들어요.

'공해'도 찾아봐야지.

관광객들이 매일 우리 집 앞을 지나가며 소란스럽게 떠들거나 쓰레기를 버리고 간다면 어떤 기분이 들까요? 준비물을 사던 문구점, 책을 고르던 작은 서점은 사라지고 레스토랑이 줄지어 우리 동네에 들어선다면요?

최근 유명 관광지에서는 소음 공해, 쓰레기 증가, 관광 산업만 남게 되는 구조 등 여러 문제로 어려움을 겪고 있어요. 이러한 문제가 관광지에 살고 있는 주민들의 삶을 위협하고 있지요. 이처럼 지나치게 많은 관광객으로 인해 관광지에 사는 주민들이 피해를 입는 현상을 '오버 투어리즘'이라고 해요.

오버 투어리즘으로 인한 문제가 커지자, 스페인

바르셀로나 사람들은 '관광은 괜찮지만 이렇게는 아니다.'라는 문구가 적힌 포스터를 들고 시위를 벌였어요. 일부 주민들은 관광객을 향해 물총을 쏘며 집으로 돌아가라고 소리치기도 했지요.

오버 투어리즘으로 인해 발생하는 문제를 해결하기 위해 이탈리아의 베네치아, 인도네시아의 발리 등에서는 관광객들에게 세금을 부과하고 있어요. 우리나라의 북촌 한옥 마을은 오후 5시 이후로는 관광객의 방문을 제한하는 정책을 시범 운영 중이에요.

오버 투어리즘에 반대하는
사람들의 모습을 영상으로 만나 보아요.

나는야 세상 이야기를 들으면 신이 나는 신문 병아리 신아리

흐린 글자를 따라 쓰고, '소리'를 뜻하는 '음'이 들어 있는 말을 찾아 ○ 해 보자(3개).

		騷	音
떠들 소	소리 음	떠들 소	소리 음

'떠들다'라는 뜻을 가진 소 + '소리'라는 뜻을 가진 음
= 시끄럽게 떠드는 소리를 뜻하는 소음

음악   음표   웃음

마음   발음

········ 정답 182쪽

아리는 궁금한 게 너무 많아

만약 우리 집 앞이 유명 관광지가 되어 관광객들이 매일 소란을 피우거나 쓰레기를 버리고 간다면 어떨까?

아리아리 신아리!
쓰레기를 버리지 말라는 경고문을 써서
집 앞에 붙여 놓을 거야.

아리아리 신아리랑 크게 외쳐 보자 마법사의 주문

어떻게 해야 오버 투어리즘을 해결할 수 있을지 생각해 봐.

'마법사의 주문'이란?

어떤 문제가 있는지 적고,
그 문제를 해결할 수 있는 주문을 만들어 보는 거야.

관광객들이
집 앞에서 시끄럽게
떠들고 쓰레기를
마구 버려서
너무 힘들어.

마법사님!
우리가 편하게 지낼 수
있도록 도와주세요.
삐리 삐리 뾰로로 뿅!

관광지에 살고 있는
주민들이 어려움을 겪는
이유는

관광지에 살고 있는
주민들을 도와주는
마법사의 주문 시작!

아리와 함께 후루룩 신문 일기 쓰기

우리 이제 신문 일기를 써 볼까?
'마법사의 주문'에 적은 내용을 활용해도 좋아.

제목:

월   일   요일

 일기 쓰기를 도와주는 아리의 질문

✎ 관광객들로 북적이는 관광지에 가 본 경험이 있어?

✎ 관광객들 때문에 불편을 겪는 주민들을 만나면 무슨 이야기를 하고 싶어?

✎ 기사를 읽고, 새롭게 알게 된 점이나 궁금한 점이 있어?

6주차
DAY 6. 마음 돌봄

월   일

난 도대체 왜 이럴까?
내가 미워지는 날

열심히 달렸는데 또 꼴등이야.

© getty images Korea

신아리의
오늘의 단어

기필코

: '틀림없이 꼭'이라는 뜻이에요.

예 나는 기필코 장난감 블록으로 커다란 성을 만들 거예요.

일 년 중 학교 운동장이 가장 북적이고 소란스러운 날, 바로 가을 운동회 날이에요. 지연이는 운동회 때마다 하는 달리기 시합이 싫었어요. 운동 신경이 부족하고 행동이 느려서 늘 꼴찌만 했거든요.

'이번에는 과연 꼴찌를 탈출할 수 있을까?'

두근거리는 마음으로 출발선에 선 지연이는 이번 달리기 시합은 기필코 꼴찌에서 탈출하고 말겠다고 다짐했어요.

"준비, 시작!"

지연이는 출발 신호와 함께 잽싸게 달리기 시작했어요. 하지만 이번에도 꼴찌를 하고 말았어요.

'한심해. 난 도대체 왜 이럴까? 내가 정말 싫어.'

운동회가 끝나고 집으로 돌아온 지연이의 표정이 여전히 어두웠어요. 풀 죽은 지연이를 보자 엄마가 말씀하셨어요.

"우리 지연이, 달리기 때문에 그러는구나. 오늘 같은 날은 '나를 사랑하는 연습'을 하기 딱 좋은 날이야. 멋진 순간에만 나를 사랑하는 게 아니라, 서툴고 부족한 순간에도 사랑하는 게 진짜 나를 사랑하는 거란다. 지연이가 지금 듣고 싶은 말이 뭐야? 그 말을 스스로에게 해 줘."

엄마의 말을 듣고, 지연이는 자기 자신에게 이렇게 말해 주었어요.

"잘했어, 최지연! 꼴찌였지만 포기하지 않고 달렸잖아. 끝까지 최선을 다한 모습이 자랑스러워."

무언가를 잘하지 못해서 스스로가 미웠던 경험이 있는지 생각해 봐.

나는야 세상 이야기를 들으면 신이 나는 신문 병아리 신아리

지금 너의 마음은 어때? 아리랑 마음 공부 해 보자.

무겁다

: 슬픔이나 걱정으로 마음이 유쾌하지 않고 우울하다.

달리기 시합을 할 때마다
꼴찌를 해서 마음이 무거워.

마음이 무거웠던 순간을 떠올려 봐.

우리 집 강아지가 아파서 음식을 하나도 못 먹었을 때

아리아리 신아리랑 마음을 토닥토닥 나도 그랬어

서툴고 부족한 모습 때문에 나 자신이 미웠던 순간을 떠올려 보고 지연이에게 공감의 말을 건네 보자.

'나도 그랬어'란?

인물과 비슷한 감정을 느꼈던 순간을 떠올린 후 인물에게 공감의 말을 해 주는 거야.

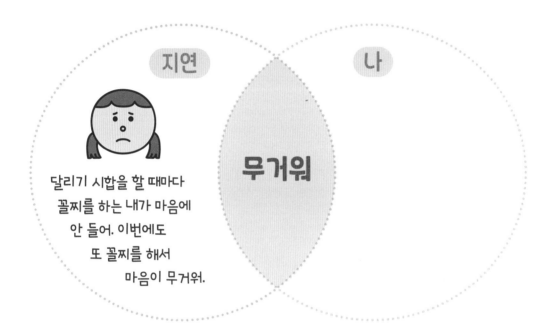

지연

나

무거워

달리기 시합을 할 때마다
꼴찌를 하는 내가 마음에
안 들어. 이번에도
또 꼴찌를 해서
마음이 무거워.

지연아! 나도 그랬어.

아리와 함께 후루룩 신문 일기 쓰기

우리 이제 신문 일기를 써 볼까?
아리의 질문에 대한 답을 적어도 좋아.

제목:

월   일   요일

 일기 쓰기를 도와주는 아리의 질문

✎ 기사를 읽기 전, '난 도대체 왜 이럴까?'라는 제목을 보고 어떤 생각을 했어?

✎ 속상해하는 지연이를 보면서 어떤 마음이 들었어?

✎ 나 자신이 미운 날, 스스로에게 뭐라고 말하면 좋을까?

177

싱크홀
도로 한가운데 갑자기 구멍이?

© getty images bank

**신아리의
오늘의 단어**

잦다

: 자주 반복된다는 뜻이에요.

예 우리 반 친구들의 지각이 잦아지자, 선생님께서는 새로운 규칙을 정해야겠다고 말씀하셨어요.

지난 8월, 서울 서대문구 도로 한가운데 싱크홀이 생겨 달리던 차가 싱크홀에 빠지는 사고가 일어났어요. 이후 서울의 다른 지역에서 비슷한 사고가 발생했고, 대구에서도 싱크홀이 발생하는 등 전국 곳곳에서 싱크홀 사고가 잦아지고 있어요.

싱크홀은 '가라앉다'라는 뜻의 '싱크(sink)'와 '구덩이'라는 뜻의 '홀(hole)'이 합쳐진 말이에요. 이러한 싱크홀은 산이나 들, 바다 등 어디에서나 생길 수 있어요. 자연에서는 땅속 지하수가 빠져나가면서 빈 공간이 생기고, 이 때문에 땅이 가라앉으면서 싱크홀이 만들어져요.

한편 도로 한복판에 싱크홀이 생긴 경우는 상하수도관 손상이 주요 원인일 때가 많아요. 상하수도관은 깨끗한 물은 보내 주고, 더러운 물은 흘러가도록 만든 관이에요.

만들어진 지 20년 이상 된 낡은 상하수도관은 충격을 받았을 때 쉽게 균열이 생겨요. 이때 균열이 일어난 틈으로 흙이 들어가고, 땅속에 빈 공간이 만들어져요. 그리고 이곳으로 땅의 표면이 꺼지면서 싱크홀이 발생하지요.

싱크홀로 인한 피해가 일어나지 않도록 낡은 상하수도관을 교체해야 한다는 사람들의 목소리가 커지고 있어요. 또한 지하에 있는 시설물을 잘 관리할 수 있도록 지하 지도를 꼼꼼하게 작성해야 한다는 의견도 있어요.

서울 서대문구에서 발생한 싱크홀 사고를
영상으로 확인해 보아요.

나는야 세상 이야기를 들으면 신이 나는 신문 병아리 신아리

기사를 읽고 사건 일지를 쓸 거야. 빈칸을 채워 일지를 완성해 줘.

<사건 일지>

- 지난 8월, 서울 서대문구 도로 한가운데 ☐☐☐ 이 생겨 달리던 차가 빠지는 사고가 일어났어요.

- 피해가 생기지 않게 낡은 ☐☐☐☐☐ 은 교체해야 한다는 사람들의 목소리가 커지고 있어요.

· · · · · · · ● 정답 182쪽

 아리는 궁금한 게 너무 많아

다음 문장 뒤로 어떤 이야기가 이어질지 상상해서 적어 봐.

어느 날 갑자기 우리 집 앞에 커다란 싱크홀이 생겼다.

아리아리 신아리랑 재미있게 어휘 공부하자 똑똑 단어 카드

세상에 오직 하나, 나만의 단어 카드를 만들어 봐.

'똑똑 단어 카드'란?

기사의 내용에서 중요한 단어를 고르고,
그림을 그리고 단어가 들어간 문장도 적어 카드로 만드는 거야.

싱크홀

학교 앞 도로에
싱크홀이 생겨서
깜짝 놀랐다.

아리와 함께 후루룩 신문 일기 쓰기

우리 이제 신문 일기를 써 볼까?
'똑똑 단어 카드'에 적은 내용을 활용해도 좋아.

제목:

월   일   요일

 일기 쓰기를 도와주는 아리의 질문

✎ 기사를 읽기 전, 싱크홀 사진을 보고 어떤 느낌이 들었어?

✎ 만약 우리 집 앞 도로에 싱크홀이 생긴다면 어떤 일이 벌어질까?

✎ 기사를 읽은 후, 새롭게 알게 된 점이 있다면 어떤 거야?

1주차

· DAY 5 · (31쪽)
- **낱말 퀴즈:** 근심, 피리, 소망

· DAY 6 · (35쪽)
- **OX 퀴즈:** X, O, X
- **일기:** 오랫만에 X, ① 오랜만에
  삳다 X, ② 샀다
  안지만 X, ③ 않지만

2주차

· DAY 7 · (67쪽)
- **낱말 퍼즐:** ① 곤충　　② 충치
  　　　　　③ 비행기　④ 기린
  　　　　　⑤ (가로) 방귀　⑤ (세로) 방석

3주차

· DAY 4 · (83쪽)
- **OX 퀴즈:** O, O, X

· DAY 5 · (87쪽)
- **아리 친구들 이름 맞히기:**
  (왼쪽부터) 도도, 미미, 코코, 누누, 삐삐

4주차

· DAY 1 · (99쪽)
- **OX 퀴즈:** X, X, O

· DAY 4 · (111쪽)
- **외계인의 암호:**
  ① 우리는 아름다운 지구를 좋아해.
  ② 주황색 별이 우리가 살고 있는 행성이야.
  ③ 우주의 많은 별 중에서 별똥별은 우리가
  　가장 좋아하는 음식이야.

④ 우리는 며칠 전 화성으로 즐겁게 소풍을
  다녀왔어.

· DAY 5 · (115쪽)
- **낱말 퀴즈:** 투정, 약속, 규칙

5주차

· DAY 1 · (127쪽)
- **OX 퀴즈:** O, O, X

· DAY 3 · (135쪽)
- **'돌이킬 반'이 들어 있는 말:** 반송, 반품, 반납

· DAY 5 · (143쪽)
- **수수께끼:** 피그미하마, 태국, 통통 튀는 돼지

· DAY 6 · (147쪽)
- **브로켄 현상 기호 그림:**

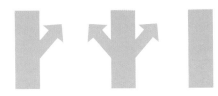

- **낱말 퀴즈:** 현상, 그림자, 관찰

· DAY 7 · (151쪽)
- **기사 완성:** 이그노벨상, 포유류

6주차

· DAY 3 · (163쪽)
- **OX 퀴즈:** X, O, O

· DAY 5 · (171쪽)
- **'소리 음'이 들어 있는 말:** 음악, 음표, 발음

· DAY 7 · (179쪽)
- **사건 일지:** 싱크홀, 상하수도관

출처

사진 출처

14쪽 | 숲 배경 | 게티이미지코리아
18쪽 | 비닐 쓰레기 | 게티이미지코리아
22쪽 | 반려견 순찰대, 루루 | 사진 제공 반려견 순찰대
26쪽 | 교실 배경 | 게티이미지코리아
30쪽 | 내나무 배경 | 게티이미지코리아
34쪽 | 마트 | 게티이미지코리아
38쪽 | 병원 배경 | 게티이미지코리아
42쪽 | 호랑이 | 게티이미지코리아
46쪽 | 헬렌 켈러와 앤 설리번 | 위키미디어 커먼스 (Notman, Public domain, via Wikimedia Commons)
50쪽 | 초등학교 배경 | 게티이미지코리아
54쪽 | 신생아 | 게티이미지코리아
62쪽 | 기린 호텔 | 셔터스톡
66쪽 | 가로등 배경 | 게티이미지코리아
70쪽 | 엄마와 아이 | 게티이미지코리아
74쪽 | 초원에 있는 소 | 게티이미지코리아
79쪽 | 원숭이 | 게티이미지코리아
79쪽 | 청설모 | 게티이미지코리아
79쪽 | 검은다리솔새 | 게티이미지코리아
82쪽 | 국제 쐐기풀 먹기 대회 | 게티이미지코리아
86쪽 | 헬리콥터 | 게티이미지코리아
90쪽 | 전민철 발레리노 | 사진 제공 BAKi
94쪽 | 문구점에 들른 아이 | 게티이미지코리아
98쪽 | 그레타 툰베리 | 게티이미지코리아
102쪽 | 애벌레 햄버거 | 게티이미지코리아
106쪽 | 책 배경 | 게티이미지코리아
110쪽 | 국제 우주 정거장 | 게티이미지코리아
114쪽 | 집 거실 배경 | 게티이미지코리아
118쪽 | 바나나 | 게티이미지코리아
122쪽 | 시각 장애인 안내견 | 게티이미지코리아
126쪽 | 하늘 배경 | 게티이미지코리아
130-131쪽 | 단풍 | 게티이미지코리아
134쪽 | 독도 | 게티이미지코리아
138쪽 | 코모도왕도마뱀 | 게티이미지코리아
142쪽 | 피그미하마, 무뎅 | 셔터스톡
146쪽 | 브로켄 현상 | 게티이미지코리아
150쪽 | 과학 연구 | 게티이미지코리아
154쪽 | '인간 탑 쌓기' 연습 | 위키미디어 커먼스 (Albert Aguilera, Public domain, via Wikimedia Commons)
155쪽 | '인간 탑 쌓기' 연습 | 위키미디어 커먼스 (Albert Aguilera, Public domain, via Wikimedia Commons)
158쪽 | 벌목 | 게티이미지코리아
162쪽 | 수묵화 배경 | 게티이미지코리아
166쪽 | 나스카 지상화 | 게티이미지코리아
170쪽 | 베네치아의 오버 투어리즘 | 게티이미지코리아
174쪽 | 달리는 어린이 | 게티이미지코리아
178쪽 | 싱크홀 | 게티이미지코리아

QR 제공 영상 출처

14쪽 | [와글와글] "차마 놓을 수 없어" 3개월간 죽은 새끼 품은 침팬지 | 자료 제공 MBC
22쪽 | "밤거리 우리가 지켜요"…'반려견 순찰대' 출동 | 자료 제공 KBS
30쪽 | [한글쌤의 동화책 읽어 주기]전래동화– 신비스러운 피리 만파식적 | 자료 제공 신나는 동화 여행

34쪽 | "용량 변경 알려야"…'슈링크플레이션' 칼 빼든 공정위 | 자료 제공 SBS
38쪽 | 오싹오싹 흡혈 동물 사전 1 (우하하 우리는 피를 빨아 먹는 동물들!) | 자료 제공 지니키즈
42쪽 | 호랑이에게 물려 가도 정신만 차리면 산다 (정신~ 차렷! | 박깨비의 속담놀이 | TV유치원) | 자료 제공 KBSKids
46쪽 | [한글쌤의 동화책 읽어 주기]스승의 날 특집-헬렌 켈러와 설리번 선생님 | 자료 제공 신나는 동화 여행
54쪽 | "입학생이 없어요"…폐원 · 폐교 '속출' | 자료 제공 KBS
58쪽 | [이 시각 세계] 일본 연구팀, 세계 최초로 '인공 피부 로봇' 개발 | 자료 제공 MBC
62쪽 | Bolivia Travel-Uyuni[볼리비아 여행-우유니]소금 사막 8-소금 호텔 | 자료 제공 KBS여행 걸어서 세계속으로
74쪽 | 속담이 야호 – 소 잃고 외양간 고친다 | 자료 제공 EBS 키즈
78쪽 | [와글와글] '찰나의 순간'…올해 가장 웃긴 야생 동물은? | 자료 제공 MBC
82쪽 | [그림책 뿡뿡뿡] 백조 왕자 | 자료 제공 EBS 키즈
86쪽 | "잠실에서 인천까지 20분 만에…" 헬기 택시 뜬다! | 자료 제공 MBC
90쪽 | 아빠의 반대에도 무용이 하고 싶은 민철이의 눈물 @영재 발굴단 101회 | 자료 제공 SBS STORY
94쪽 | 경제동화 14화 (뭘 살까?) | 소비와 선택) | 자료 제공 대발이TV
98쪽 | 그레타 툰베리 '유엔 기후행동 정상회의' 연설 풀영상 | 자료 제공 서울환경연합
102쪽 | 곤충 담당 공무원에서 곤충 요리 전문가로 변신한 송혜영 씨 | 자료 제공 SBS
106쪽 | [그림책 뿡뿡뿡] 선녀와 나무꾼 | 자료 제공 EBS 키즈
110쪽 | '드래곤', ISS 도킹…발 묶인 비행사 '정규요원' 됐다 | 자료 제공 SBS
122쪽 | '안내견도 어디든 갈 수 있어요' 시각 장애인이 말하는 안내견 출입 거부 실태 | 자료 제공 스브스뉴스
126쪽 | "나이는 숫자일 뿐"…102살 할머니의 특별한 다이빙 | 자료 제공 SBS
130쪽 | 최고다! 호기심딱지 시즌 4 - 단풍은 왜 가을에 생겨요? | 자료 제공 EBS 키즈
134쪽 | ★광복절 특집★ '독도는 우리 땅' 노래 가사 바뀐 거 알고 있었어? | 자료 제공 스브스뉴스
138쪽 | 미지의 섬에 사는 지구상 가장 거대한 왕도마뱀, 코모도 드래곤 | 자료 제공 EBS 다큐
142쪽 | 태국의 푸바오?…전 세계 홀린 아기 하마 '무뎅' | 자료 제공 KBS
146쪽 | [와글와글 플러스] "백록담에 뜬 천사" '브로켄 현상' 포착 | 자료 제공 MBC
150쪽 | 똥 누면 3초 안에 건강 검진 해줌○○ 스마트 변기 만든 괴짜 과학자 만나 봄 | 자료 제공 스브스뉴스
154쪽 | 협동의 정점…스페인 카탈루냐 '인간 탑 쌓기' 대회 | 자료 제공 KBS
158쪽 | 속담이 야호 – 열 번 찍어 안 넘어가는 나무가 없다_#001 | 자료 제공 EBS 키즈
162쪽 | [EBS놀이터] 역사가 술술 (소금 장수였던 미천왕 | 백제의 전성기를 이룬 근초고왕) | 자료 제공 EBS 키즈
166쪽 | 세계 불가사의 '나스카 지상화' 303점 새로 발견…"비결은 AI" | 자료 제공 KBS
170쪽 | 물총 쏘며 "관광객 나가라"…골칫거리 오버 투어리즘 | 자료 제공 MBC
178쪽 | [제보] "서울에도 거대 싱크홀?"…연희동서 차량 통째로 빠져 | 자료 제공 KBS

다양한 SNS 채널에서
아울북과 을파소의 더 많은 이야기를 만나세요.

인스타그램 @owlbook21　　페이스북 @owlbook21　　네이버카페 owlbook21　　네이버포스트 아울북 and 을파소

읽기로 시작해 쓰기로 완성하는
초등 첫 문해력 신문 ❷

1판 1쇄 인쇄 2024년 12월 13일
1판 1쇄 발행 2024년 12월 26일

글 이다희 **그림** 서희진
사진 getty images Korea, getty images bank, Shutterstock, Wikimedia Commons,
　　반려견 순찰대, Photographer BAKi
영상 EBS, KBS, MBC, SBS, 신나는 동화 여행, 지니키즈, 대발이TV, 서울환경연합
펴낸이 김영곤 **펴낸곳** ㈜북이십일 아울북

기획개발 김미희 정윤경 이해림 **교정교열** 김은미 **디자인** 김단아
아동마케팅팀 장철용 양슬기 명인수 손용우 최윤아 송혜수 이주은
영업팀 변유경 김영남 강경남 황성진 김도연 권채영 전연우 최유성
제작 이영민 권경민

출판등록 2000년 5월 6일 제406-2003-061호
주소 (10881) 경기도 파주시 회동길 201(문발동)
대표전화 031-955-2100 **팩스** 031-955-2177 **홈페이지** www.book21.com

ISBN 979-11-7117-968-8 74700
ISBN 979-11-7117-701-1 74700 (세트)

• 책값은 뒤표지에 있습니다.
• 잘못 만들어진 책은 구입하신 서점에서 교환해 드립니다.

• 제조자명 : ㈜북이십일
• 주소 및 전화번호 : 경기도 파주시 문발동 회동길 201(문발동) / 031-955-2100
• 제조연월 : 2024.12. 26.
• 제조국명 : 대한민국
• 사용연령 : 3세 이상 어린이 제품